中职综合素质教育教材

主编◎ 曹汉庆

CTS PUBLISHING & MEDIA 中南出版传媒 民主与建设出版社

图书在版编目（CIP）数据

中职综合素质教育教材 / 曹汉庆主编． -- 北京 ：民主与建设出版社，2017.6

ISBN 978-7-5139-1593-9

Ⅰ．①中… Ⅱ．①曹… Ⅲ．①素质教育－中等专业学校－教材 Ⅳ．①G711

中国版本图书馆CIP数据核字（2017）第128714号

中职综合素质教育教材

ZHONGZHI ZONGHE SUZHI JIAOYU JIAOCAI

出 版 人 许久文
编　　著 曹汉庆
责任编辑 吴优优 胡 萍
封面设计 曾立军
出版发行 民主与建设出版社有限责任公司
电　　话 （010）57812719　64709316
社　　址 北京市海淀区西三环中路10号望海楼E座7层
邮　　编 100142
印　　刷 人民今典印务有限公司
版　　次 2017年6月第1版　2017年6月第1次印刷
开　　本 787mm×1092mm　1/16
印　　张 12.5
字　　数 230千字
书　　号 ISBN 978-7-5139-1593-9
定　　价 24.8元

注：如有印、装质量问题，请与出版社联系。

编写说明

根据中共中央办公厅和国务院办公厅〔2016〕66 号通知《关于加强和改进新形势下大中小学教材建设的意见》《教育部关于“十二五”职业教育教材建设若干意见》以及教育部教职成函〔2008〕6 号《教育部关于中等职业学校德育课课程设置与教学安排的意见》文件精神，中等职业学校以立德树人为根本，以服务发展为宗旨，以促进就业为导向，以适应经济新常态和技术技能人才成长成才需要为目标，以构建教学标准体系为手段，健全教学质量管理和保障制度。中职综合素质教育是“立德树人”教育的基础，是中职各专业学生必修的公共基础课，是学校实施素质教育的重要内容。

综合素质教育应该以邓小平理论、“三个代表”重要思想、科学发展观、习近平同志系列讲话精神为指导，充分体现改革开放以来特别是十八大以来，对教材的政治方向和价值导向的新要求，全面体现依法治国、生态文明建设的精神实质。全面开发和培养中职生各方面素质，优化素质结构，为将来更好地学习、生活、工作和发展奠定坚实的基础。培养政治坚定、思想纯洁、知法守法、身心健康、具有生态文明意识、适应经济社会发展需要、具有职业精神的高技能人才。

按照中职学校课程设置的总体布局，我们根据教育部的有关教学指导纲要，组织国内专家和有丰富教学教研经验的教师编写了《中职综合素质教育教材》一书。中职综合素质教育应由安全教育、心理健康教育、毒品预防教育、艾滋病预防教育、法治教育、环境教育构成。安全教育是中职教育中不可缺少的组成部分。加强学生安全教育，培养学生的安全意识，使广大学生牢固树立“珍爱生命，安全第一”的理念，掌握必要的安全知识，培养在日常生活和突发事件中正确应对的能力，最大限度地预防和减少安全事故造成的伤害，保障学生健康成长。心理健康是中职学生成长成才的保障，通过心理健康教育，培养中职学生健康的体魄，豁达开朗的性格，坦诚宽容的胸襟，乐观向上的精神，自尊、自爱、自立、自强的优良心理品质，让他们人格完善，具有尊重知识、追求真理的科学精神，正直刚健、公正、与人为善的良好品格，热爱生活、自强不息的人生理想，强烈的社会责任感和成就事业的使命感，昂然向上的精神状态和人生追求。毒品与艾滋病是当今人类面临的具大威胁。70% 以上的吸毒者在青少年期沾染毒品。他们中又有相当一部分人感染了艾滋病，给个人、家庭、社会造成了极大的危害和负担。近年来我国中职学生毒品尝试率呈明显的上升趋势，因此对中职学生进行毒品与艾滋病预防教育势在必行。法治教育是新时期思想政治教育的一项重要、艰巨的任务。自十八大以来，随着改革开放的不断深入，法治教育越来越显示出它在思想政治工作实践中的重要位置，它是推进全面依法治国的基础。环境教育就是以人类与环境的关系为核心而展开的一种教育活动。环境问题是由于人口增长、现代科技和现代生产力迅猛发展所产生的问题。环境是人类赖以生存的基础。当前生态环境一次又一次给人类敲响了警钟，对中职学生进行环境保护教育到了刻不容缓的时候。环境教育是以解决环境问题和实现可持续发展为目的，以提高人们的环境意识和有效参与能力、普及环境保护知识与技能、培养环境保护人才为任务，以教育为手段而展开的一种社会实践活动过程。通过以上六个方面的专题教育，促进学生全面发展和综合职业能力形成。综合素质课教学应遵循“贴近实际、贴近生活、贴近学生”的原则，从学生身心健康发展的规律和中等职业教育培养目标的实际需要出发，注重实践教育、体验教育、养成教育，做到知识学习与能力培养和行为养成相统一，切实增强针对性、实效性和时代感。

全书逻辑严谨，说服力较强。内容注重可读性、实用性。这六个方面的教育，对中职生来说不论是在校学习、顶岗实习，还是以后的人生道路都是非常实用、非常有意义的。

我们把六个教育内容合编一本，采取模块式编排，既能减轻学生负担，又方便老师教学和学生自学。根据教育部文件要求，德育选修课程的教学时间，一般不少于64 学时。我们建议本书教学时间以 32 学时为宜。

目　录

安全教育篇

心理健康教育篇

毒品预防教育篇

艾滋病预防教育篇

法治教育篇

环境教育篇

安全教育篇

第1节 校园安全

校园是我们学习和生活的主要场所，是我们成长的第二个“家”。我们每个人都希望我们的校园生活安全、美好而和谐，安全是一个中职学生完成学业的重要保证，是每一名学生健康成长的基本条件。树立校园安全意识，增强防范能力，维护校园安全，既是对自己负责，也关系到千千万万家庭的幸福安宁和社会稳定。

一、校园活动安全

2009年12月7日晚上9时10分，大雨滂沱，湖南省湘潭市某中学晚自习下课之际，学生们为了躲雨、为了早点回寝室，都不约而同地选择了一个最近的楼道，一时间，人流高度密集，一名学生在下楼梯的过程中跌倒，引起拥挤踩踏，造成8人死亡，26人受伤。

听课、实验、体育锻炼、课间活动、实训……我们的校园生活丰富多彩，校园里处处留下我们活动的足迹。但是，由于校园内人多，校园活动时间集中，加之一些学生安全意识淡薄，某些不当行为导致突发危险事故时有发生，威胁到自身及同学的安全。因此，我们在教室内、楼道间、运动时一定要注意安全，应具备基本的安全常识与能力，知道发生突发事件时如何应对，顺利度过我们的学校生涯，健康成长。

楼道安全须知

1. 上下楼梯要有序缓慢靠右行。不得拥挤、推拉，人多时要扶好栏杆或墙壁，并和前后人保持一定距离。遇见楼梯上有人摔倒时，应立即停止上下，并劝阻后面的同学不继续往前拥挤。

2. 不在楼道间打闹、恶作剧。上下楼梯时，特别是在楼梯拐角处，故意拥挤、起哄、恶作剧、打闹、推搡、突然停留和开玩笑等，更容易发生踩踏事故。

3. 不随意在楼梯间停留。不要边上下楼边看手机，不要在上下楼时擦眼镜，不要在楼道内弯腰系鞋带，拾东西时要提醒后面的人。

4. 不在走廊上追逐嬉戏，不要依附、攀爬楼外铁栏杆，使身体重心外倾，不要用力拉扯栏杆，不在走廊上“齐步走”造成共振，以免损坏楼板。

5. 爱护楼梯间设置的指示、警示标志，安全指示灯等，发现损坏应立即报告。

教室是教师传播知识、学生从事课堂学习活动的主要场所，同学们一天中的大部分时间都是在教室里度过的，注意教室内活动安全非常重要。

教室内活动安全6防

1. 防磕碰。目前大多数教室空间比较狭小，又置放了许多桌椅、饮水机等用品，所以不应在教室中追逐、打闹，做剧烈的运动和游戏，防止磕碰受伤。

2. 防滑、防摔。教室地板比较光滑的，要注意防止滑倒受伤；需要登高打扫卫生、取放物品时，要请他人加以保护，防止摔伤；一旦滑倒要尽力蜷缩身体，双手保护好头部，避免头部磕碰桌角。

3. 防坠落。无论教室是否处于高层，都不要将身体探出阳台或者窗外，谨防楼上坠物，避免不慎坠楼的危险。

4. 防挤压。开关门窗要小心，要留意不挤压到自己的手，也不要夹到别人的手。

5. 防火灾。不带打火机、火柴、烟花爆竹等危险物品进校园，杜绝玩火、燃放烟花爆竹等行为。

6. 防意外伤害。严禁将锥、刀等尖利物品带入校园，更不得带进教室；剪刀、图钉、大头针等文具应妥善管理，不能随意放置。传递刀具、锥子时要小心，刀具要能合拢或有外套，要将尖端朝向自己，以免误伤自己或他人。

课间十分钟自由活动时间，是我们最兴奋的时候，也是校园安全事故容易发生的时候，应该引起我们的高度重视和警惕。我们要时刻提醒自己，提高防范意识，避免意外事故发生。

信息平台

课间活动伤害事故表现

1. 追逐伤害。中职学生精力旺盛，好运动，特别是男同学喜欢追逐打闹。在追逐过程中，跑在前面的常常会不由自主地回头探看。这样的边跑边看最危险，倘若学生手中拿有竹棒等物件，危险程度就更高了。奔跑时，容易与人相撞，还容易撞在开启的门页、窗页、墙体拐角处、消防设施上，而发生意外伤害。

2. 游戏伤害。这是课间活动时学生伤害事故的多发因素。究其原因，一是有些游戏本身隐含了危险因素，比如，甩飞镖、跳楼梯、斗独腿、持械游戏、压迫死亡体验、闭气、掰手腕等，稍有不慎，就可能伤及自己或同学；二是游戏的地点常常不是在宽阔的操场，而是在教学楼的走廊上、教室前，这些地方场地狭窄，围观者多，隐藏着很多不确定因素，存在安全隐患。

3. 攀爬伤害。课间休息时，有些同学利用门框副窗做引体向上，爬上没有防护栅栏的窗台乘凉，坐在走廊栏杆上休息，跨越围墙玩耍，等等，这些行为极有可能造成摔伤导致肢体损害，甚至危及生命。

同学们朝夕相处，在紧张繁忙的学习之余，总免不了开开玩笑，打打闹闹，相互嬉戏。然而嬉闹也隐藏着危险，嬉闹过火容易引发意外事故，甚至暴力冲突。所以，同学之间嬉闹要掌握分寸，开玩笑要有分寸，把握好度，以免造成意外伤害。

案例聚焦

高中学生张某，平时喜欢恶作剧。一次课间，他趁同桌站立不备时，用脚将其座位钩开，致使该同学坐下时后仰摔倒，头颈部撞在后排的课桌上，当即失去活动能力。经医院诊断为："颈椎损伤，伴不全性高位截瘫。"一个恶作剧酿成一场难以弥补的意外事故，给受害同学及家人造成终身痛苦，也让肇事者全家承担高额的赔偿费，并终身背上沉重的包袱。这样的悲剧，我们必须引以为戒。

同学们都喜欢上实验课，实验课对培养学生的动手能力和探索精神都具有十分重要的意义，但是实验室的实验课，经常会接触到易燃、易爆、有毒的化学药品，使用易碎的玻璃器皿，因此，必须十分注意安全。

案例聚焦

今天是进入中职学校后的第一次化学实验课，进入设备一流的实验室，大家都非常兴奋和新奇。首先，老师在实验桌前讲起了实验室里的安全准则，大家都聚精会神地听着，只有小路一会儿看看这个，一会儿又动动那个，根本没有听老师在讲什么。开始分组实验了，他不知道该怎么操作，一着急，不小心撞翻了正燃着的酒精灯，顿时，实验台上一片火海，他的袖口也着了火，和他一起做实验的同学们都惊叫着闪开了。老师见状，赶紧抓起墙角放着的沙包，向燃着的桌面掷去，并迅速扑灭了小路袖口上的火苗。小路吓得惊慌失措："真险啊，差点酿成大祸。"

实验课的安全要点

虽然各类实验室要求并不完全统一，但有很多基本的安全要点是相同的。

1. 实验动前手认真听老师讲课，明确实验室安全要求，了解实验方法，再动手做实验。
2. 实验开始前先检查桌面，看看有没有金属片、玻璃片或洒出的水。
3. 实验中不要将试剂洒落在桌面上。
4. 对各种化学品不能用一般方法去擦，最好由老师亲自处理，或在老师的指导下处理。
5. 实验结束后要彻底清扫，学生离开实验室前要洗手。
6. 爱护实验室的设备、仪器和药品等，非本次实验所用的仪器、设备未经老师允许不得动用。

二、远离校园暴力

校园，人类文明在这里传承，人类智慧在这里结晶，纯真友谊在这里缔结，成熟的人生在这里起步……和谐、平安的校园，是美好的地方。然而，校园也不免有一些暗流，校园暴力、校园欺凌就是其中的一些现象。作为育人的场所，发生暴力事件其影响和后果都是比较严重的。

当今时代，校园暴力已成为全社会不可忽视的社会问题之一。校园欺凌暴力事件的发生，严重影响学校正常的教学秩序，威胁师生的身心健康和生命安全，更削弱了学校的教育成果，已经引起家长、老师、学校和社会的高度重视。

高三学生丁某在操场踢球时，与张某发生口角后继而相互殴打，丁某用脚踢打张某腹部。后经司法鉴定，张某所受损害属重伤二级。法院以丁某犯故意伤害罪，判处有期徒刑1年6个月，缓刑2年。

某中学围墙外，四五名女孩对一名女生，又是脚踹，又是扒上衣，还揪她的头发往铁门上撞，旁边还有围观者拿手机拍照，受害女生也不曾喊“救命”。

2016年9月6日，苏州黄埭一学校内，一名学生家长以“接孩子”为名进入学校，用刀刺伤3名学生、2名老师。

近年来，一些仇视社会的人，作案校园，滥杀无辜，手法残忍。他们的行为将受到法律的严惩。

校园暴力，特指发生在学校及其周边区域，由同学或校外人员针对学生生理或心理实施的达到一定伤害程度的侵害行为。从实施校园暴力的人群看，包括校园内部的校园欺凌和社会人员针对校园的违法犯罪活动两种，其中最频发的是学生之间的施暴行为。

校园暴力的类型

校园暴力包括行为暴力、语言暴力和心理暴力。

◆行为暴力在校园暴力现象中最为普遍。行为暴力主要指包括打架斗殴、敲诈勒索、抢劫财物等一系列对人身及财物达到某种严重程度的侵害行为。

◆语言暴力主要是指通过语言对人的精神达到某种严重程度的侵害行为，包括起侮辱性外号、造谣污蔑等行为。

◆心理暴力主要是指通过言语、行为或其他方式对人的精神造成某种严重程度的侵害行为。如恐吓、侮辱、排斥、歧视、孤立等行为都是心理暴力行为。

面对校园暴力，我们绝不能等闲视之。我们应自觉抵制发生在我们身边的校园暴力，尽自己所能维护自己和同学的生命安全。学会防范校园暴力，远离校园暴力，从我做起。我们要严格规范自己的言行，坚决向校园暴力说“不”！

1. 不崇拜暴力文化

暴力文化是校园暴力的推进器。不崇拜暴力文化是抵制校园暴力的当务之急。

首先，我们应该远离那些充斥着暴力的影视作品、书籍、报刊及游戏等。

其次，不贸然模仿影视或游戏里的暴力行为。影视作品、游戏里的暴力行为是经过艺术加工和美化的艺术表现手法。现实生活中，暴力不能解决任何问题，只会激化矛盾。

再次，不盲目崇拜影视作品中“除暴安良”的英雄人物，不用暴力表现自己的价值。

最后，培养健康高尚的审美情操，多接触有益身心的文化。

2. 不参与校园暴力

道理是讲出来的，不是打出来的。珍惜生命的同时，也要珍惜身边每一个爱你的人。我们在日常的校园生活中，多使用“请”“谢谢”“对不起”等文明用语，不讲粗言秽语。同学之间应和睦相处，互相尊重，相互礼让，相互体谅，不拉帮结派。遇到矛盾和问题时，我们需要的是解决问题的办法，而不是制造问题的暴力手段。

案例聚焦

在职高学校的浴室里，甲专业的学生小胡正在冲浴，乙专业的学生小刘走过去说“这是我刚才占的喷头”。两人像斗红了眼的公鸡打了起来，互不相让。小胡、小刘的同学“路见不平，拔刀相助”，引起三四十人的群体斗殴，有好几个人因此受了伤。胡、刘二人，一个被拘留，一个被开除。还有好几个人受到纪律处分。为一个喷头，胡、刘两人如果相互谦让一下，纠纷很好解决。他们同学的“拔刀相助”，帮了倒忙，害人害己。

同学朝夕相处，难免会发生矛盾，我们要学会处理与同学间的关系，避免因一点小事争吵，造成矛盾激化；同时，我们应树立正确的是非观念，有最起码的善良、同情心。当有同学“邀请”我们去参与校园暴力时，应该断然拒绝，坚决不充当校园暴力行为的帮凶。

安全防护站

避免与同学发生争吵的方法

◆沉默避让。耐心等对方把话说完或转移一下注意力，避免自己发火，可能就会避免一场争吵。

◆幽默是金。如果在双方争吵的导火索即将点燃时，一方能以幽默的言语来改变一下当时的紧张气氛，是避免争吵的最有效的办法。

◆心平气和。当双方言语激烈，一场争吵势在必发时，自己不妨学会心平气和，表情自然，尽量放低放慢说话的声音和速度。

◆就事论事。争论时不要翻老账，不要对过去的事情总是耿耿于怀，揭人短处，更不能对他人进行人身攻击和侮辱性的言语攻击。

◆换位思考。争论时，不妨反过来问问自己，到底自己对不对，换位思考一下，站在对方的角度看问题，争吵可能就不会继续。

◆合理退让。在多数场合下，与人争吵并不能真正把对方说服，反而会使对方更加坚持

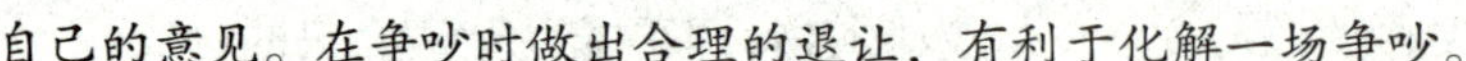

自己的意见。在争吵时做出合理的退让，有利于化解一场争吵。

3．加强法律意识和法制观念。

施暴者法律意识淡薄，对法律无知，这是校园暴力产生的一个重要原因。我们要学法、懂法、守法、用法。既要以法律来规范自己的行为，也要以法律来保护自身的合法权益。我们应当自觉遵守基本的行为规范和法律，培养守法的观念，并形成对法律的坚定信仰，这样才能更好地保护我们自己。

4．避免成为施暴者的目标。

平时不要随身携带太多的钱和手机等贵重物品，不要公开显露自己的财物。学校僻静的角落、厕所或楼道拐角都是校园暴力的多发地带，在这些地方活动时尤其要注意，最好结伴而行。

应对校园暴力应有的意识

1. 要有法律意识。明确违法行为是不受法律保护的。

2. 要有强烈的自我保护意识。

3. 要有方法和策略意识。在力量悬殊的情况下，切记不能蛮干。

4. 要有见义勇为、见义智为、见义巧为的意识。在保护自身安全的前提下，对他人实施救助。

5. 要有强烈的报告意识和证据意识。及时上报并注意搜集证据，以便在需要时出示。

应对暴力，临危不乱。如果我们无法避免危险的发生，那么，在危险发生的时候，我们一定不要惊慌！保持冷静、清醒的头脑是制胜的关键。我们应克服心里的恐惧，积极地去解决问题或者保护自己。

三、注意运动安全

生命在于运动。运动是保证人体代谢过程旺盛的重要因素，是保持青春活力的妙方。积极锻炼身体、增强体质，是中等职业学校学生提高就业竞争力，实现职业生涯发展目标的重要途径。

为了指导学生科学合理运动，增强学生体质，我国各级各类学校都开设了体育课。上好体育课是每个学生必须完成的任务。体育课上，虽然有老师指导，但我们在运动时如果不注意防范，就有可能发生运动损伤。

体育课安全注意事项

1. 注意领会老师讲解的动作技术要领、保护方法和预防意外事故的注意事项。

2. 认真做好准备和整理活动，避免肌肉、韧带拉伤。

3. 要穿宽松服装和无跟软底鞋，不穿带有口袋的制服，不佩戴金属徽章（如团徽）、别针、小刀、钥匙，和其他尖利、硬质物体，不穿高跟鞋、皮鞋，头上不戴各种发卡。

4. 患近视眼的同学，尽量不要戴眼镜，如果必须戴眼镜，做动作时一定要小心谨慎。

5. 要严格遵守纪律，不打闹，不超出教师划定的运动场地，不攀爬篮球架等体育设施。

6. 一旦受伤，不要着急，乱搬乱揉会加重伤势，要请校医来处理伤口，伤情彻底养好再运动。

运动不是简简单单的跑跑跳跳，是一种必须讲科学的身体运动。如果运动方法不科学，运动器械使用不当，或运动前热身不足，运动量突然增加及姿势不正确，都可能造成运动损伤。

科学运动的三大原则

1. 做好准备活动。在进行体育锻炼前做好充分的体育活动，提高内脏器官的机能水平，以适应身体运动的需要，预防运动损伤的发生。

2. 循序渐进，持之以恒。体育锻炼力戒急于求成，要根据自身的实际，运动强度由小到大，在身体逐步适应的基础上逐步提高要求。学习动作、掌握技术要从易到难。

3. 讲究运动卫生。饭前饭后不要立即进行剧烈运动。剧烈运动后不要马上静止休息，要继续做一些慢跑、轻跳或边走边做些肢体动作，使运动量逐渐由大到小，内脏器官的活动由快到慢。

青少年在进行体育运动、掌握体育运动科学方法的同时，还要掌握一些常见的运动损伤处理基本常识和技能，才能很好地保护自己的身体，也能给身边出现运动创伤的人以帮助。运动受伤后第一时间如果处理得当，可以降低创伤程度，减轻创伤者的痛苦，加快创伤的恢复。相反，如果处理不当，还可能造成二次伤害。

轻度运动创伤如何处理？

轻度运动创伤一般可以根据 RICE 的原则进行处理。

Rest（休息）：停止运动。运动中一旦有疼痛发生，应立即停止运动、休息，以防止伤势进一步恶化。

Ice（冰敷）：用冷水或冰袋敷于受伤部位，降低组织温度，使血管收缩，减少局部充血，从而达到止血、止痛，减轻局部肿胀的作用。

Compression（包扎）：包含固定、止血的功能；可用弹性绷带包扎患处，但千万不能包得过紧，以免血液循环不畅。

Elevation（抬高）：抬高患部，使伤处血压降低，血流量减少，达到减少出血的目的。

对于不同类型的运动创伤，可以采用不同的处理方法。

流血：用冷水或冰袋敷于受伤部位，降低组织温度，使血管收缩，减少局部充血，从而起到止血、止痛，减轻局部肿胀的作用，然后贴上创可贴。抬高伤肢，使伤处血压降低，血流量减少，达到减少出血的目的。

晕厥：晕厥是由于脑部一时血液供应不足而发生的暂时性知觉丧失的现象。疾跑后站立不动，大量血液由于本身的重力关系而积聚在下肢舒张的血管中，回心血量减少，心输出量也随之减少，使脑部突然缺血而发生晕厥。

晕厥的急救办法

1. 让病人平卧，足部略抬高，头部放低，松解衣领，注意保暖。
2. 用热毛巾擦脸，自小腿向大腿做重推摩和全手揉捏。
3. 如有呕吐，应将病人的头偏向一侧，以防呕吐物和分泌物被病人误吸入呼吸道。
4. 如呼吸停止，应做人工呼吸。醒后可给病人喝热饮料，让病人休息。

休克：不同于昏厥，症状有面色苍白、出冷汗、四肢发凉、口渴、脉快、体温血压下降等。休克是一种严重而危险的病理状态，因此在急救的同时，应迅速请医生来处理或尽快送往医院。

休克病人的急救措施

1. 立即向120急救中心呼救。
2. 使病人安静平卧，将其下肢抬高30度，注意保暖，不要给病人枕枕头。

3. 保持呼吸道通畅，方法是将病人颈部垫高，下颌抬起，使头部最大限度地后仰，同时头偏向一侧，以防呕吐物和分泌物被病人误吸入呼吸道。

4. 如果是创伤造成的休克应采取急速止血处理。由骨折等外伤的剧痛而引起的休克，应给以镇痛剂止痛。

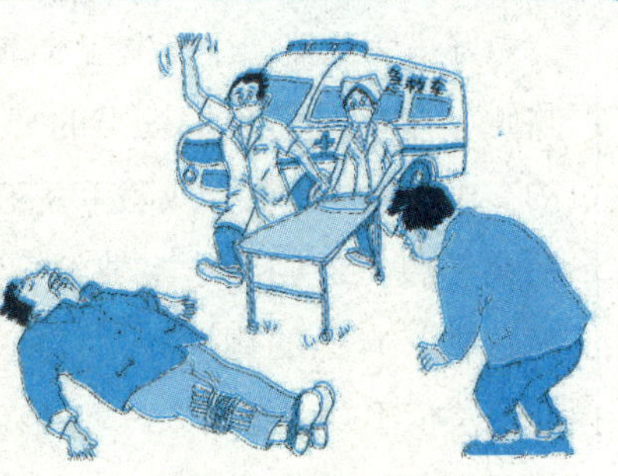

韧带扭伤：急性损伤发生后，应立即停止活动，以减少出血。立刻用冷开水淋冲损伤部位或用冰块冷敷局部以达到止血的目的，然后覆盖绷带加压包扎防止肿胀。韧带完全断裂或怀疑并发骨折的，在加压包扎后必须请医生进一步检查和治疗。为了促进关节功能的恢复，应注意动静结合，在没有疼痛感觉的前提下进行早期活动。基本痊愈后，应加强关节周围肌肉的力量练习，提高关节的相对稳定性。

关节脱位：发生肘关节脱位时，如果眼前无救助者，伤员本人可根据肘关节的伤情判断关节是否脱位，不要强行将处于半伸位的伤肢拉直，以免引起更大的损伤。可用另一侧手臂解开衣扣，将衣襟从下向上兜住伤肢前臂，系在领口上，使伤肢肘关节呈半曲位固定在前胸部，再到医院接受治疗。如果救助人员对骨骼不十分熟悉，不能判断关节是否合并骨折时，不要轻易实施肘关节脱位复位法，以防损伤血管和神经，可用三角巾将伤员的伤肢呈半曲位悬吊固定在前胸部，送往医院治疗。

四、宿舍安全防范

学生宿舍是学生的“家”，是学生休息生活的主要场所。随着许多中职学校跨地区招生，中职学校住宿生的比例越来越大。许多从未离开过家庭的学生，住进了集体宿舍。宿舍安全成为中职学校安全工作的重要内容。

校园住宿安全事故的主要类型

◆伤害事故。由于不遵守宿舍管理制度，在宿舍从事危险活动，在床上嬉戏打闹跳跃导致伤害事故。

◆火灾事故。违反规定在宿舍用火、用电烧水或因天冷擅自生火取暖、熄灯后在床上点蜡烛看书等酿成火灾事故。

◆盗窃事故。由于安全防范意识不强、财物保管不当或宿舍防盗设施不全，给人以可乘之机，导致盗窃事故。

做好宿舍防盗，住校生应尊重值班保卫人员，严格遵守学校对宿舍楼进出的规定，支持值班人员的工作。住校生要养成随手关门、锁门的习惯，最后离开寝室的同学一定要锁门，不能怕麻烦。注意保管好自己的钥匙，不要随便借给他人。不要随便留宿不知底细的人。对形迹可疑的陌生人，应提高警惕。对宿舍楼中出现的陌生人应主动上前询问。询问的态度要和气，盘问应细致、巧妙。

对回答疑点较多的陌生人，如所说的专业、班级不对号，要找的人根本不存在，神色慌张，左顾右盼，则可进一步盘问。必要时还可问其姓名、单位，然后要求看看其有无身份证、工作证、学生证等证件。

安全防护站

1. 什么样的学生宿舍容易被盗？

居住混杂、搬动频繁；管理松懈、制度不严；无人值班或值班人员责任心差；同学缺乏警惕性、互不关心；门窗缺乏安全设施。

2. 什么时间容易发生盗窃？

新生入学以及刚开学和放假前，宿舍人员较乱，出入人员较多，易发生顺手牵羊式的盗窃。学校举办大型文体活动，外来人员剧增时，发生盗窃的可能性也增加。假期，宿舍走空，容易发生撬门扭锁式的盗窃。

在正常学习时间，由于同学们都去上课了，尤其是上午第一、二节课和晚自习，以及学校开大会、考试、周末等，宿舍无人的时间，也容易发生被盗。夏秋季节，开窗睡觉，易发生“钓鱼”式盗窃。夏季开门多，易发生乘虚而入的盗窃。

以正压邪、头脑冷静、急而不乱、随机应变、注意安全，是中职生发现盗窃分子后应有的态度。要注意发挥集体力量，组织同学进行围堵，尽量不要单兵作战。

对小偷小摸的盗窃者，在人多的场合，可以高声喝令其停止盗窃，迫使其无法得逞；也可以告诉附近同学，共同制止盗窃。对正在室内作案的盗窃分子，不应径直入室制止，而应迅速到外面喊人或报告巡逻民警及其他治安管理人员。如果发现已经得逞离开作案现场的盗窃分子，应当认真记住他们的特征（年龄、性别、身高、胖瘦、相貌、衣着、口音、动作习惯，以及身上的痣、瘤子、斑、刺花等各种特征，佩戴的戒指、手镯、项链、领花、耳环等各种饰物等情况）和逃离去向。对有交通工具的作案者，要记下他们车辆的型号、颜色、车牌号码，以便向公安部门报告，及时破案。在一般情况下，应尽量避免与盗窃分子正面接触，以免受到伤害，要机智灵活地与盗窃分子做斗争。

发现寝室门被撬，抽屉、箱子的锁被撬坏或被翻动，应立即向学校保卫部门报告。注意保护现场，不要让同学们进来，不要翻动现场的物品，切不可急急忙忙去查看自己的物品是否丢失。

五、网络安全

在网络飞速发展的今天，我们只要鼠标轻轻一点，手机按键稍稍一触，就可以在网上工作、学习、聊天、交友、娱乐、游戏……足不出户，大千世界尽在眼前。小小荧屏拉近了人们之间的距离，改变了人们的生活。网络已在人们的生活中扮演了不可或缺的角色，并以其无可抵挡的魅力，对人们特别是青年的教育、生活和学习方式及价值观念产生着巨大的影响。

信息平台

据中国互联网络信息中心（CNNIC）发布的《中国互联网络发展状况统计报告》显示，截至2016年12月，我国网民规模达7.31亿，其中手机网民达6.95亿，互联网普及率达到53.2%。中国网民规模已经相当于欧洲人口总量。

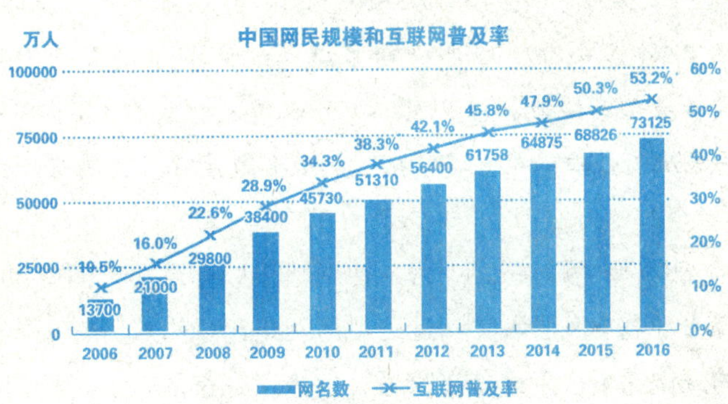

但是，网络是一把“双刃剑”。网络一方面让人们的生活变得越来越便捷、越来越丰富多彩。同时，网络世界不是一方净土，现实文明的阴影同样在网上折射。青少年学生涉世不深，自制能力弱，猎奇心强，所以，在享受着上网冲浪的快乐时，网络也在潜移默化地影响着大家的身心健康。

信息平台

网络对青少年成长的负面影响：一是不良信息。互联网资源中含有的暴力、诈骗、色情等不良信息，影响青少年的身心健康。二是不佳属性。网络的虚拟性特点导致“匿名效应”，妨碍诚信品质等的确立。三是不当参与。对网络的过度参与，形成依赖甚至成瘾；或者不具备相关资格或技能时的违法操作，如充当黑客等。

网络是一个巨大的信息宝库，但网络资源鱼龙混杂、良莠不齐，其中含有的暴力、诈骗、色情、赌博等不健康的信息，可能影响青少年的思想道德观念趋向，导致暴力倾向、性侵犯行为，成为违法犯罪的诱因。

案例聚焦

17 岁青年马某因一小纠纷杀死一女子，在记者采访他时，马某冷静地说，自己在网络游戏里打打杀杀惯了。

13 岁少年，在网吧连续玩网络游戏 36 个小时后，面带笑容、双手平伸、双脚交叉，以网络游戏中的飞天姿势从 24 楼一跃而下自杀身亡。

17 岁的中职生小韩在网吧玩对战性网络游戏，玩得如醉如痴，连午饭都忘了吃。在连续玩了 5 个多小时后，正盯着屏幕激战正酣时，突然觉得头晕目眩，连人带椅摔倒在地，口吐白沫，缩着身子不停地抽搐。网吧工作人员及时拨打 120，将他送进了医院。据医生诊断，他患有先天反射性癫痫症，遇紧张、刺激和过度疲劳，都可能诱发。

中职生因为超时上网，在网吧昏厥甚至猝死的现象，时常见诸各种媒体。有人把网络形容为“电子海洛因”，过度使用网络已成为威胁青少年学生身体健康的一大毒瘤。为了我们的身体健康，无论是在家里、学校还是在网吧上网我们都要养成良好的习惯，不让网络伤了自己的身体。

专家在线

上网注意事项

1. 坐姿要端正，不要趴在桌子上上网，也不要长时间躺着用手机上网。

2. 屏幕设置不要太亮也不要太暗，眼睛不要离屏幕太近，上网时间也不要太长，注意保护眼睛。

3. 不能饿着肚子上网，网上风光再好也不能废寝忘食，应养成有规律的上网习惯。

4. 每次上网最好不要超过一个小时，如果需要继续上，一个小时后也应起来活动一下，呼吸一下新鲜空气，因为坐着时间太长会使身体血液循环不畅。如果待在网吧人多封闭的环境里，也容易导致头部的不适。

面对网络这把锋利的“双刃剑”，我们中职学生如何兴其利、去其弊，在发挥网络积极作用的同时，消除其负面的影响呢？我们要文明上网，维护身心健康。

文明上网关键词一：遵守国家法律法规。

不浏览或散播有关色情，暴力，恐怖，分裂，颠覆国家，煽动民族分裂等的信息，不制作或散布计算机病毒，不利用网络做出危害国家、群众、他人的行为。

信息平台

当前，个人信息安全已是全社会高度关注的问题，但个人信息泄露的困扰经常在发生着——明明只向一家地产公司透露过个人信息，随后不同地产中介都在找你卖房子；通过规范网站购买的机票，航班起飞前突然接到非航空公司发来的“航班取消”诈骗短信；小孩上学了，补课班、外语培训班能准确地说出你的名字和住址进行精准推销……

中国互联网协会发布的《中国网民权益保护调查报告2016》显示，55%的受访网民收到过“冒充公安、卫生局、社保局等机构进行电话诈骗”的诈骗信息；37%的受访网民因收到各类网络诈骗而遭受过经济损失。

为保障网络安全，维护网络空间主权和国家安全、社会公共利益，保护公民、法人和其他组织的合法权益，促进经济社会信息化健康发展，我国颁布的《中华人民共和国网络安全法》自2017年6月1日起施行。《中华人民共和国网络安全法》明确规定：“国家倡导诚实守信、健康文明的网络行为，推动传播社会主义核心价值观，采取措施提高全社会的网络安全意识和水平，形成全社会共同参与促进网络安全的良好环境。”它为网络安全勾画出了基本的监管框架，也为“裸奔”的个人信息穿上了法律的“铠甲”。

文明上网关键词二：遵守网络礼仪。

礼仪一：记住别人的存在。不以自我为中心，尊重他人的隐私。

礼仪二：网上网下行为一致。不要以为在网上就可以降低道德标准，任何使用不文明语言的网友在论坛都是不受欢迎的。

礼仪三：网络语言文明友好。使用礼貌用语，不使用脏话和挑衅性的语言。微信、QQ、微博、论坛是网民交友，互相交流和学习的地方，我们不能发表损害他人，危害国家安全的言论，有不同观点、有争论是正常现象，但要以理服人，不要进行人身攻击。

文明上网关键词三：增强自我保护意识。

我们在网上自由驰骋时，一定要把安全放在第一位，多一份仔细和警觉，小心网络陷阱，小心网络诈骗，避免他人利用网络危害自己的身心健康，造成财物损失。

安全防护站

青少年安全上网策略

1．不随便透露自己真实的姓名、家庭住址、电话号码、照片、父母的身份、家庭经济状况、银行卡密码等信息。

2．联网的电脑、手机、平板电脑要安装防火墙，并升高浏览器安全等级。

3．不轻信网上的信息，任何人在网上都可以匿名或改变性别、年龄，发布不负责任的信息。也许一个给你写信的“15 岁女孩”会是一个 50 岁的先生。

4．不随便与网友见面，以免给自己的学习、生活和安全带来不必要的麻烦。

5．受到网友的骚扰、威胁、恐吓时，要及时与其断交，必要时可以寻求帮助或通过法律途径解决。

文明上网关键词四：拒绝网瘾。

拒绝网瘾关键在于预防，为此，我们可以尝试：

1．遵循不影响学习和生活的原则，合理安排上网时间。

2．明确上网目的。上网之前，列出上网的具体任务，不与非目标网站相连。

3．控制上网时间和频率。可以在电脑中安装一个定时提醒的小软件。

4．提高自我控制能力。许多人明明知道过多上网有害，但还是控制不了自己的上网愿望，因此，有意识地提高自我控制能力，有利于合理使用网络。

文明上网关键词五：对不良信息说“不”！

要练就“一双慧眼”，分辨清楚哪些信息有益于我们健康成长，哪些信息是需要我们拒绝的。遇到违法、色情暴力或任何内容可疑的聊天信息，应坚决抵制，并及时向公安机关举报。

网络本身没有好坏之分，关键是看你如何利用它。美好的网络生活需要我们用自己的美德和文明去创造。让我们从自己做起，从现在做起，自尊、自律，上文明网，文明上网，做一个文明的网络人。这样，我们的生活必将因网络变得美丽而多彩。

第2节 居家安全

构筑温馨家庭，要防止各种事故的发生，如防火、防煤气中毒、防食物中毒、防触电等。

一、家庭也是防火区

一个未熄灭的烟头，一次不经意的违规操作，一时疏忽忘记关掉电源……生活中很多细节行为，都可能引发一场火灾，酿成一场悲剧……因此了解一些常见的引发火灾的原因，掌握一些从火海逃生的方法和技能，时刻敲响防火的警钟，能够帮助我们保护生命和财产安全，平安生活！

家庭防火重点

1. 安全使用炉火。烟筒要远离电线、顶棚、木墙壁和木门窗等，至少相隔20厘米以上；炉体周围应有防护或离开可燃物半米以上；生火时千万不要用汽油、柴油和酒精等引火；清除炉灰、炉渣时不要乱倒，不可使炉灰接触可燃物。

2. 电器不带“病”工作。家用电器出现故障时，经常会由于短路的原因引发火灾。还有些电线老化，也容易引发火灾，所以电器坏了后要及时维修。使用完电器，一定要及时拔掉插头。

3. 不用火炉等取暖设备烘烤衣物。因为烘烤的过程中，很容易引发火灾事故。如果临时需要烘烤，一定要有人看管。

4. 慎点蚊香。点燃的蚊香要放在支架上，支架不要放在纸箱、桌面或木制地板上，应放在金属盘、瓷盘或水泥地、砖地上；不要在窗台等容易被风吹到的地方点蚊香；使用电蚊香时，也要将其放在远离纸、木桌等易燃物的地面上，不使用时，应该拔掉插头。

一旦家中失火，要记住家庭火灾逃生的12个字：“早报警，快逃生，莫跳楼，搞自救”。家中发生火灾后，应立即打火警电话119，并积极进行扑救。如果火势一时难以控制，应赶紧想办法逃生。

家庭火灾救护要领

1. 尽快扑救。要速取灭火器扑救。对带电物体着火，要做到先断电，后灭火。设法通知邻居，警示他人。

2. 慎开门窗。如果火源在自己房间内，要慎开门窗。因为房间门窗紧闭时，空气不流畅，室内供氧不足，因此，火势发展缓慢，一旦门窗被打开，新鲜空气大量涌入，火势会迅速发展。如果火源不在自己的房间，开门也要特别慎重，防止“引火烧身”。

3. 弯腰或爬行。火势不大时，要当机立断，披上浸湿的衣服或裹上湿毛毯、湿被褥，用湿毛巾或手帕捂住口鼻或在喷雾水枪掩护下冲出去。逃生之前，要探明着火方位，确定风向，在火势蔓延之前，朝逆风方向快速离开火灾区域。疏散中穿过烟气弥漫区域时，应以弯腰、蹲姿、爬姿等低姿行进，口贴近地面。

4. 不大声喊叫。乱跑乱窜，大呼大叫，不但会消耗大量体力，吸入更多的烟气，还会妨碍正常疏散，甚至诱发混乱。在成群结队的混乱状态出现时，绝不能贸然加入，这是逃生过程中的大忌，也是扩大伤亡的缘由。

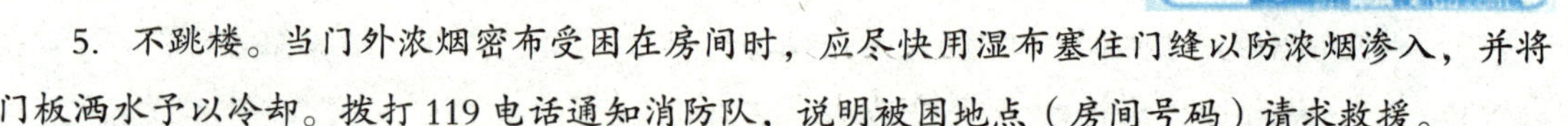

5. 不跳楼。当门外浓烟密布受困在房间时，应尽快用湿布塞住门缝以防浓烟渗入，并将门板洒水予以冷却。拨打119电话通知消防队，说明被困地点（房间号码）请求救援。

火灾中逃生时切忌使用电梯，因为此时电梯是最不稳定的因素之一，如果被火困于二楼，可以先向楼外扔一些被褥做垫子，然后攀窗口或阳台往下跳。如果被困于三楼以上，可转移到其他比较安全的房间、窗边或阳台上，绝不可用跳楼方式逃生。要用醒目物品不停地发出呼救信号，晚上可用手电筒晃动，以便消防队及时发现，组织营救。若情况危急，可以用绳索或将床单、被褥里儿、窗帘拧成绳索，绑在牢固的窗框或床架上，然后沿绳缓缓滑下。

如果在起火现场，起火初期火势不大，我们一定要镇静，可以及时采取有效措施进行灭火。使火灾消灭在初期，不使火势扩散蔓延，造成重大生命和财产损失。

常用灭火方法

◆家具、被褥等起火。可以用身边可盛水的物品如脸盆等泼水，浇灭火苗，同时把燃烧点附近的可燃物泼湿降温。如果备有灭火器，可以使用灭火器灭火，以防火势扩散蔓延，造成重大损失。

◆煤气起火。要立即关掉煤气总闸，用湿毛巾和湿棉被覆盖可燃物，捂灭火苗。也可以使用干粉灭火器，以防小火演变成大火。

◆用电和电器起火。要立即切断电源，然后用干粉灭火器、二氧化碳灭火器、1211灭火器等进行扑救，或用湿棉被、帆布等将火捂灭。用水和泡沫扑救一定要在断电情况下进行，以防触电或电器爆炸伤人。如果电视机起火，决不可用水浇，可以在切断电源后，用棉被将其盖灭。灭火时，只能从侧面靠近电视机，以防显像管爆炸伤人。若使用灭火器灭火，不应直接射向电视屏幕，以免其因受热后突然遇冷而爆炸。

◆油锅起火。应迅速关闭炉灶燃气阀门，直接盖上锅盖或用湿抹布覆盖，还可向锅内放入切好的蔬菜冷却灭火，将锅平稳端离炉火，冷却后才能打开锅盖，切勿向油锅倒水灭火。

火灾发生后，通常情况下，报警和救火要同时进行。因为救火是分秒必争的事情，早一分钟报警，消防车早到一分钟，就能把火灾扑灭在初起阶段；耽误了时间，小火就可能变成大火，小灾就可能变成大灾。

报警一定要讲清楚起火地点、起火原因、火势情况和报警人的联系方式，报完警后要派人到街头等候消防车。

二、预防煤气中毒

煤气、液化石油气和天然气是现代家庭的主要燃料，当然有些家庭也使用蜂窝煤或煤球。这些燃料的广泛使用给人们的生活带来极大方便。但是在使用过程中一定要谨慎，以免造成一氧化碳中毒（人们常说的煤气中毒）、煤气爆炸和火灾等事故。

案例聚焦

某居民在使用管道煤气时，没有拧紧开关导致煤气泄气，加上冬天家中门窗紧闭，室内不通风，结果造成全家三口人煤气中毒，后被紧急送往医院进行抢救，由于中毒严重，经抢救无效身亡。

安全用气关系到千家万户居民的生命和财产安危，绝不可掉以轻心。我们要经常进行安全检查，一经发现安全隐患问题，要及时解决，以免留下后患。

如果发现煤气泄漏，首先要关掉煤气总闸，迅速开启门窗，以降低气体浓度，消除事故隐患。切记不可动用明火，也不要开关电灯、排风扇，或拨打电话。

安全使用燃气，预防煤气中毒

◆使用燃气时，要注意开窗透气，保持房间良好的通风状态。

◆给燃气热水器安装烟道，将燃烧过程中产生的一氧化碳等有害气体排出室外。

◆睡前和出门前要查看燃气器具的开关是否关好。

◆经常检查燃气管道、开关、灶具、阀门，发现损坏要及时修理。

如果发觉自己煤气中毒，首先要赶紧关闭燃气阀门。然后打开门窗，让室内空气流通。如果无力开门窗时，也要尽可能爬到门窗缝隙处吸点新鲜空气，稍微清醒后，尽快打开门窗。最后拨打 120 急救电话。但要注意，不能在煤气泄漏现场拨打电话，以防止电话接通或断开时产生电火花。同样，在煤气泄漏的室内，也不能开灯或开关电器。

如果发现他人煤气中毒，要离开现场使用手机，或到邻居家拨打求救电话。将中毒者安置到安全的地方平躺，如果是冬天还要注意保暖。抬高下巴，让中毒者保持呼吸道通畅。如果中毒者已经神志不清，应将其头部偏向一侧，以防呕吐物吸入呼吸道引起窒息。如果中毒者出现昏迷或抽搐，则在其头部放置冰袋或者湿毛巾，并用手指按压刺激人中、涌泉等穴道，使其苏醒。必要时可对其进行人工呼吸和胸部心脏按压。

看图学人工呼吸

及时恰当的抢救措施能挽救煤气中毒者的生命。当煤气中毒者的呼吸微弱甚至停止时，应该立即进行人工呼吸。

1. 让中毒者仰卧，抬高下巴，使其后仰，使其气道充分打开。

2. 站在中毒者头部的一侧，深吸一口气，一手捏紧中毒者的鼻子，尽可能用嘴完全地包住中毒者的嘴巴，将气体吹入中毒者的体内。

3. 救护人的嘴离开，随即放开捏住中毒者鼻子的手，并用一手压中毒者胸部，帮助他呼气。如中毒者仍未恢复自主呼吸，则要进行持续吹气，成人吹气频率 12 次 / 分钟，儿童为 15 次 / 分钟。

三、注意饮食安全

人类依靠食物中的营养维持生命及增进健康，但是有许多的疾病也是由食物带来的。如果不注意饮食卫生，吃了问题食品或者吃不得法，那不仅不能保证身体所需的营养，而且可能吃出病来，损害身体健康。

案例聚焦

中职学生林林一向身体很棒，很少生病。可这几天突然拉起肚子来，又畏寒、发高烧，持续两周后高烧退了，可眼睑和脸部却肿了起来，全身肌肉酸痛，尤其是小腿酸痛难忍。经住院检查，发现旋毛虫抗体阳性，在他的小腿内还发现了旋毛虫包囊和活动的幼虫。原来，林林这次得病，与他两周前常常在街边小摊上吃烤羊肉串有关。

注意食品安全，控制食物中毒关键在预防，严把“病从口入”关。要讲究饮食卫生，不吃腐烂变质的食物，不光顾街边小摊，少吃垃圾食品，剩余的食物再吃前应加热或高温处理，等等。

防止病从口入

1. 不喝生水；生吃瓜果、蔬菜要洗净、消毒；不买无证小摊的食品；不在街头、路边摊点就餐。

2. 不吃过期或变质食品；不食用病死畜禽；真空包装的袋装食品，如果外包装发生鼓胀现象，说明食品已变质，绝对不能吃。

3. 不吃已发芽的土豆、未煮熟的扁豆和生韭菜等食物。

4. 夏季就餐尽量少食用凉拌食物。

5. 到海滨旅游尽量少食或不食用不新鲜的海鲜。

6. 对不熟悉、不认识的动植物不轻易食用。

食物中毒是指人们食用了被细菌或细菌毒素污染的食品或食用含有毒性物质的食物而引起的中毒。

食物中毒一般分为三类：一是食用了本身有毒的动植物（如河豚含有的河豚毒素，发芽的马铃薯产出的龙葵素等）；二是食用了被污染的食物（如农药污染等）；三是食用了变质食物（霉变、腐烂）。食物中毒的病人常常会出现恶心、剧烈呕吐、腹痛、腹泻等症状。食物中毒损害人的身体健康，甚至会导致人死亡。

出现食物中毒后，应迅速将病人送医院治疗。在医疗救助之前，我们可以对病人实施简单救助，如催吐、导泻、解毒等。

食物中毒如何紧急处理

1. 想吐的话，就吐出，出现脱水症状要及时到医院就医。用塑料袋留好呕吐物或大便，带着去医院检查，有助于诊断。

2. 不要轻易地服用止泻药，以免贻误病情。让体内毒素排出之后再向医生咨询。

3. 催吐：进餐后如出现呕吐、腹泻等食物中毒症状时，可用筷子或手指刺激咽部帮助催吐，排出毒物。也可取食盐 20 克，加开水 200 毫升溶化，冷却后一次喝下，如果不吐，可多喝几次。还可将鲜生姜 100 克捣碎取汁，用 200 毫升温水冲服。

4. 导泻：如果进餐的时间较长，已超过 2 ~ 3 小时，而且精神较好，则可服用些泻药，促使中毒食物和毒素尽快排出体外。可用大黄 30 克煎服，或用番泻叶 15 克煎服或用开水冲服。

5. 解毒：如果是吃了变质的鱼、虾、蟹等引起食物中毒，可取食醋 100 毫升，加水 200 毫升，稀释后一次性服下。若是误食了变质的饮料或防腐剂，最好是用鲜牛奶或其他含蛋白的饮料灌服。

四、安全使用电器

随着生活水平的提高，每个家庭都有各种各样的家用电器。家用电器在给家庭生活带来方便的同时，也可能因为使用不当导致各种伤害事故的发生。

各种家用电器用途不同，使用方法也不同。安全使用电器，最重要的是要按照电器说明书操作使用。购买家用电器时，要选择质量可靠的合格产品。

如何安全使用家用电器

◆电吹风机、电饭锅、电熨斗、电暖器等电器在使用中会发出高热，应注意将它们远离纸张、棉布等易燃物品，防止发生火灾；同时，使用时要避免烫伤。

◆电视机、空调等电器，使用时间不宜过长，一般不要超过10个小时，以免机内热量积聚。

◆不要在电冰箱中储存乙醚等低沸点易燃液体，也不要频繁开启电冰箱，每次停机5分钟后方可再开机启动。

◆要避免在潮湿的环境（如浴室）下使用电器，更不能把电器淋湿或使电器受潮，这样不仅会损坏电器，还会发生触电事故；电器长期搁置不用，容易受潮、腐蚀而损坏，重新使用前需要认真检查；不能用潮湿的手触摸电器、电线及开关，防止触电事故。

外出旅游要当心，拉闸断电才放心

◆使用中发现电器有冒烟、冒火花、发出焦煳异味等情况时，应立即关掉电源开关，停止使用。

◆不让电器带“病”工作。家用电器出现故障、电线老化，容易由于短路引发火灾，因此电器坏了要及时维修。使用完电器，一定要及时拔掉插头。

遇到雷雨天气，要停止使用电器，并拔下室外天线插头，防止遭受雷击。家中无人时，除了冰箱，最好关掉一切电器的电源，充电器也不要在无人时使用。

如果家用电器着火，要用科学的方法灭火。电器着火与其他物质着火后灭火的方法有很大不同，如果不注意电器着火后灭火的特殊要求，不仅不能灭火，还可能导致新的灾害。

电器着火后如何处理？

1. 立即关掉电器，拔下电源插头或拉下电源总闸。断电后，火即可自行熄灭。

2. 在没有切断电源的情况下，千万不能用水或泡沫灭火器扑灭电器火灾，否则，扑救人员随时都有触电的危险。

3. 如果是导线绝缘体和电器外壳等可燃材料着火，可用湿棉被等覆盖物扑灭火。

4. 电视机着火不要用水扑灭，以防引起电视机的显像管炸裂伤人。

5. 家用电器发生火灾后未经修理不得接通电源使用，以免触电或再次发生火灾。

第3节 交通安全

养成注重交通安全的习惯，不仅是求学期间和今后整个职业生涯的需要，也是提高就业竞争力的需要，是自我保护、珍爱生命的重要表现。

一、出行安全牢记心

道路交通事故和水上、铁路、民航交通事故，是各类伤亡事故中死亡人数最多的。在这些安全事故中，虽然驾驶员有责任，但行人、乘客缺乏出行安全知识也是重要原因。作为一名中职学生，我们要牢固树立“出行安全”意识。

遵守交通规则，我们不能存有侥幸心理。也许闯一百次红灯，有九十九次没有事，但一次交通事故的发生，就会威胁到我们的生命健康，就可能严重破坏交通秩序。因此，我们要自觉遵守交通秩序，确保行走安全。

行走安全要领

1. 有人行道的道路，要走人行道；没有人行道的道路，要靠路边行走。

2. 集体外出时，应该有组织、有秩序地列队行走；结伴外出时，不要相互追逐、打闹、嬉戏。

3. 没有交通民警指挥的路段，自己要主动避让机动车辆，不与机动车辆争道抢行。

4. 在雾、雨、雪天，应穿着色彩鲜艳的衣服，让机动车司机尽早发现目标，提前采取安全措施。

5. 穿越马路，要走人行横道线；在有过街天桥和过街地道的路段，应自觉走过街天桥和地下通道。

6. 行走时不能一心两用，不要边走边看手机，边走边看书，边走边想问题，边走边聊天，边走边玩等。

自行车是一种常见的交通工具。2016年年底以来，

在全国各城市，共享单车因发其方便快捷、低碳环保等优势迅速火爆，在街头、校园、居民区、商业区、公交站点等，到处摆放着各式共享单车。单车也是中职生使用最多的交通工具，由骑单车引发的交通事故在中职学生中较为普遍。因此，安全骑行对广大中职生来说是十分必要的。

骑车安全要点

1. 骑行自行车前，要对自行车进行检查，保证车闸、车铃灵敏，正常，保持车况良好。

2. 骑车时要在非机动车道上靠右边行驶，不逆行；转弯时不抢行猛拐，要提前减速，看清四周情况后再转弯。

3. 经过交叉路口，要减速慢行，注意来往的行人、车辆；不闯红灯，遇到红灯要停车等候，待绿灯亮了再继续前行。

4. 骑车时不双手撒把，不多人并骑，不互相攀扶，不互相追逐、打闹，不攀扶机动车辆，不载过重的东西，不骑车带人，不在骑车时戴耳机听广播。

5. 被撞后，机动车逃跑，要记住肇事车颜色、大小、型号、车牌号等特征，迅速报警。

学会正确乘坐交通工具，遵守乘车规则，这不仅是安全的需要，也是个人素质高的体现。不论乘坐火车或汽车，都要在车停稳后再依次上车，不挤不抢，车辆行驶中不要将身体伸出窗外。不要贪图便宜去乘坐车况不好的车，也不要乘坐超载的客车。

安全乘车指南

1. 在站台或指定地点候车，待车停稳，先下后上。

2. 不携带危险品上车。机动车行驶途中，不将身体任何部位伸出车外，不准跳车。

3. 下车后不得从车前或车后突然走出或猛跑穿过道路。

4. 不准催司机开快车、与司机闲聊或妨碍司机驾驶。

5. 乘坐火车时，到茶炉间打开水或是在座位上喝开水时，要特别小心，因为火车的晃动容易使人站立不稳，也容易使杯中的开水泼溅出。

随着我国人民生活水平的不断提高，乘坐飞机出行的人越来越多，许多中职生中已有乘坐飞机出行的经历。我们有必要掌握一定的乘机规则和常识。

安全乘机指南

1. 乘坐飞机要带好自己的身份证等各种证件和机票，提前1~2小时到达机场办理登机手续。

2. 乘坐飞机有一个非常重要的保护措施，就是系好安全带。

3. 在飞机上禁止使用手机、手提电脑、收音机和游戏机，以免干扰飞机与地面的无线信号联系。

4. 飞机在起飞前，空姐会演示各种逃生求助措施，一定要仔细听清弄懂。

5. 万一飞机遇险，千万不能惊慌失措，要信任机上工作人员，服从命令听指挥，并积极配合其进行救护工作。

二、注意驾驶安全

驾驶机动车的能力，对一些岗位而言是必备的职业能力之一，对更多的岗位而言，能开汽车也能提高求职竞争力，驾驶安全已经成为职业能力的重要内涵。最重要的是，驾驶机动车一定要有驾驶证，非法驾驶既害自己，也害他人。

驾驶员的“一安、二严、三勤、四慢、五掌握”

驾驶员在日常操作中应做到的基本要求是“一安、二严、三勤、四慢、五掌握”：

一安：要牢固树立“安全第一”的思想。

二严：要严格遵守操作规程和交通规则。

三勤：要脑勤、眼勤、手勤。在操作过程中要多思考，知己知彼，严格做到不超速、不违章、不超载；要知车、知人、知路、知气候、知货物；要眼观六路，耳听八方，瞻前顾后，要注意上下、左右、前后的情况；对车辆要勤检查、勤保养、勤维修、勤搞卫生。

四慢：情况不明要慢，视线不良要慢，起步、停车要慢，通过交叉路口、狭路、弯路、人行横道、人多繁杂地段要慢。

五掌握：要掌握车辆技术状况、行人动态、行区路面变化、气候影响、装卸情况等。

驾驶员出车前要对机动车进行检查，保证车辆运行安全。机动车必须保持车况良好、车容整洁。制动器、转向器、喇叭、刮水器、后视镜和灯光装置，必须保持齐全有效。要调整好座位、靠背的位置，保持正确的驾驶姿势。正确系好安全带，并查看车上其他人员是否系好安全带，若没有，应要求其系好。携带驾驶证、行驶证等，以备检查。

信息平台

驾车的几个“危险时段”

第一危险时段：中午 11 时至 13 时。大部分驾驶员经过上午的劳累，特别是在午餐后，体内大量血液作用于胃肠等消化器官，脑部供血相对减少，会出现短暂的困倦和注意力分散。

第二危险阶段：黄昏 17 时至 19 时。黄昏时段光线变暗，驾驶员很容易出现视觉障碍，另外此时段正值出行高峰，驾驶员经过一天工作会出现疲倦症状。因此这一时段很容易造成事故多发。

第三危险阶段：凌晨 1 时至 3 时。此时驾驶员容易产生道路“空旷”的感觉，易超速驾驶。另外此时人的生理节律处于大脑反应迟钝、血压降低、手足血管神经僵硬麻痹的状态，容易造成事故。

安全防护站

汽车常见事故应急处理办法

刹车失灵时，换低档，加拉手刹，同时打开警示灯。如果车速始终无法控制，可试着冲向柔软的障碍物，让车速慢下来。撞车瞬间，司机应两腿尽量伸直，两脚踏实，双臂护胸，手抱头，身体后倾；迎面碰撞时，如碰撞的主要方位不在司机一侧，司机应紧握方向盘，两腿向前伸直，两脚踏实，身体后倾，保持平衡；迎面碰撞时，如碰撞的主要方位临近司机座位或者撞击力度较大，司机应迅速躲离方向盘，将两脚抬起。

路上抛锚时，将车移到公路右侧允许停车的地带。在公路的来车方向距故障车 50 米至 100 米处摆放一个故障车警示牌，如果在高速公路上，则至少应距离 150 米。如果没有警示牌，可打开车辆的行李箱及发动机盖代替，同时亮起危险信号灯。

车子失火时，应立即将车辆熄火。如因碰撞变形，车门无法打开，可从前后挡风玻璃或车窗处逃生。身上着火时，应先离开车子，然后向水源处滚动，边滚边脱去身上的衣服。

汽车翻车时，脚钩踏板随车翻转。当司机感到车辆不可避免地要倾翻时，应紧紧抓住方向盘，两脚钩住踏板，使身体固定。这样，司机会随车辆一起翻转，比起人在车中滚动碰撞，

受伤会轻得多。

三、交通事故中逃生

在一次车祸中，当场死亡2人，重伤6人，轻伤10人，4人没有受到任何伤害。

为什么同一次车祸会有不同的结果？

据幸存者反映，车祸发生时死亡者正在打瞌睡，在对外界毫无反应中命丧黄泉。重伤者说车祸发生时他们还没有完全反应过来，已经随汽车碰撞、翻滚在车厢内。而轻伤者和未受伤者则是当他们意识到“出事”的时候，使出全身力气，手足并用，使身体相对固定在座位上，随车体翻转。就是这些保护措施，才使他们大难不死。

天有不测风云，人有旦夕祸福。交通事故不是我们所愿，但它的偶然发生往往使我们轻则受伤可能致残，重则危及生命。学习一些必要的应急措施，掌握一些救助方法，在车祸发生时我们就有逃生的可能。

安全防护站

遭遇车辆遇险时，应双手紧紧抓住前排座位或扶杆、把手，低下头，利用前排座椅靠背或两手臂保护头面部；若遇翻车或坠车时，应迅速蹲下身体，紧紧抓住前排座位的椅脚，身体尽量固定在两排座位之间，随车翻转；车辆在行驶中发生事故时，乘客不要盲目跳车，应在车辆停下后再陆续撤离。

车祸发生后，要及时采取自救行动，最重要的是保持冷静。如能离开车厢，应迅速离开；若车门变形应果断打破车窗逃离。如果自己在车祸中受伤，则要采取一定的救护措施。

车祸现场急救

出血：可以把身上的衣服撕成布片，对出血的伤口进行局部加压止血。

骨折：现场可以找块小夹板、树枝等物，对患肢进行包扎固定。

头部创伤：把伤者的头偏向一边。不要仰着，这样会引起呕吐，胃内容物易引起呼吸道堵塞，造成伤者窒息。

腹部创伤：应拿一个容器把内脏尽量保持在原来的部位扣在腹壁上，不要把内脏放入腹腔内，以免造成腹腔感染。

呼吸心跳停止：及时对伤者进行口对口的人工呼吸，进行简单的心脏按压。

发生车祸，只要意识到自己还活着，而又无法自救时，就应该拨打求救电话。如果你的身边发生了车祸，在力所能及的情况下，我们应该运用自己所学的知识开展救护行动。特别要注意的是，发生车祸时要记住肇事车辆的车牌号码、车身颜色等特征，在不良司机肇事逃跑后为交警提供线索。

信息平台

“122”是交通事故救援与交警处理电话，“120”是医疗急救电话，也可拨打“110”或自己亲友的电话。在电话中要讲清车祸发生的具体时间、地点、人员的伤亡情况、自己的电话号码，以便救援人员能够及时而且准确地赶到事故现场。

水可载舟，亦可覆舟。当乘坐的船只出现危险时，我们应沉着冷静，听从有关人员指挥，既要巧妙保护自己，又要想法救助别人。最重要的是找到逃生工具和保护生命的必需品，并理智选择适当的逃生方式。

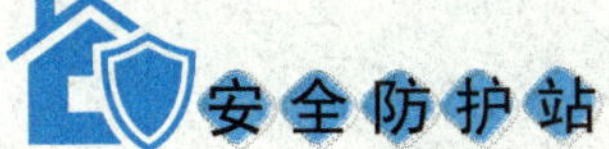

安全防护站

乘船安全事故逃生办法

1. 船上一旦失火，船上的人须立即撤到甲板上，关上甲板下所有的通风口，抓紧时间寻找救生设备和救生衣，从船尾逃生。

2. 在江河湖泊中遇险，若水流不急，很容易游到岸边；若是水速很急，不要直接朝岸边游去，而应顺着水流游向下游岸边或河流的内弯处。

3. 学会漂浮。应该找到一切可以帮助漂浮的物品，把它们搜集起来并用衣服包好，这可省很多的力气。

4. 看到救援人员或过往船只发出求救信号。挥动衣服可以使别人更容易发现，吹口哨的声音比大喊大叫传得更远，镜子之类的可反射阳光和灯光的物品可使别人更快地发现你。

5. 海中遇险，千万不要喝海水。

四、电梯出事别慌张

案例聚焦

一个21岁的女孩在一酒店乘坐电梯，由于电梯出现故障停止了运行，她竟然强行扒开电梯门钻出去，结果跌落到10米多深的电梯井内，当场死亡。

最近几年，电梯害人事件频发，让经常要乘坐电梯的人有些害怕。但是电梯在日常生活中又是不可或缺的，因此，怎样安全乘坐电梯尤其重要。

信息平台

如何安全乘坐垂直电梯

1. 进入电梯之前，观察门是否正常打开，确认电梯轿厢到位了，再进去。不可盲目跨入，防止层门开着而轿厢不在本层造成跌入井道事故。

2. 电梯门即将关闭的时候，千万不能阻止电梯关门，强行挤进电梯，更不要一只脚在内、一只脚在外地停留在电梯门口，这样很可能造成电梯程序失常。电梯若报警超载，站在外边的乘客应主动出去。

3. 在电梯内不要乱按上面的按钮，千万不要开、关、开、关地来回按，这样同样对电梯程序有着影响。

4. 在电梯内最好不要靠在电梯门上，因为一旦危险出现，门是最危险的地带。最好站在电梯的侧面。

5. 出电梯的时候也要等电梯停稳了再下去。

我们在新闻上看到电梯故障时有发生，致使乘客被困在电梯内或突然失控急速下坠，致使乘客受惊、受伤甚至死亡的现象，所以在紧急的情况下怎么自救就成了我们的必备常识。

安全防护站

如果被困在电梯内怎么办

1. 由于停电或电梯发生故障，被困在电梯内，千万不要用手去掰门，更不要破坏电梯内的呼救监控设备。最好的方法是按下电梯内的紧急呼叫按钮，这个按钮会跟值班室或者是监视中心连接，随后你要做的事就是耐心等待救援。

2. 如果紧急呼叫按钮失效，或手机打不出去，可以大声呼叫，或者拍打电梯壁门，想办法把这种求救的信号传递给外界。如果暂时没有人经过，被困乘客最好保持体力，间歇性地拍门，特别是等听到外面有了响动再拍，以便引起别人注意。在救援者尚未赶到时，被困者不要不停地呼救，要保持体力，冷静观察动静，耐心地等待救援。

电梯突然坠落时的急救

如果遇到电梯突然急速下坠，首先要有处变不惊的心理状态，理性的对待突发状况。

当你面临生死一线间时，你所做的每一个动作将决定你的生死与否！

电梯下坠时保护自己的最佳动作：

第一，赶快把你所在楼层以下每一层楼的按键都按下。切记要从底部往上按，最快的速度全按亮。

第二，如果电梯内有手把，请一只手紧握手把，以防重心不稳而摔伤。

第三，整个背部跟头部紧贴电梯内墙，呈一直线。运用电梯墙壁作为脊椎的防护。

第四，双腿膝盖呈弯曲姿势，踮起脚后跟。这样可以形成一个弹簧的样子，有效缓解着地时的重击压力。

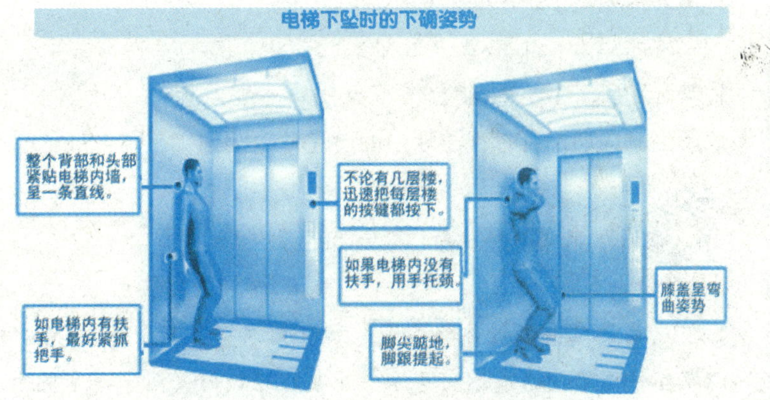

第五、着地之后，先检查自身有没有受伤，或者受伤严重情况，电梯内都有报警电话，可以按下报警电话，通知值班人员进行急救，如果身体受伤一定要通知值班人员提前拨打120，方便打开电梯之后及时抢救。

第4节　户外活动安全

中职生青春年少，都喜欢户外活动。户外活动可以增加生活乐趣，陶冶情操，丰富生活，但也潜伏着不少危险。在户外活动中，我们一定要树立安全意识，千万不可疏忽大意。

一、游泳安全要谨记

游泳可以强身健体，可以陶冶性情、锻炼意志，游泳对于提升生命质量有重要作用。所以游泳深受群众喜爱，尤其是当年毛主席"到中流击水，浪遏飞舟"的名句更是激励了很多人加入了游泳运动。

游泳虽好，但需要掌握必要的常识，如果缺乏游泳常识，可能会伤害身体，甚至会危及生命。切不可忽视游泳中的潜在危险因素。

游泳安全要点

1. 游泳需要经过体格检查。患有心脏病、高血压、肺结核、中耳炎、皮肤病、严重沙眼以及各种传染病的人不宜游泳。处在月经期的女同学也不宜去游泳。

2. 学习游泳必须由会游泳的成年人陪伴；即使学会游泳后游泳时也要结伴而行，不要单独下水。不要逞强出风头，做危险的姿势，在水中不可嬉戏打闹，以防不测。

3. 要慎重选择游泳场所，不要到江河湖海去游泳。

4. 下水前要做准备活动。可以跑跑步、做做操，活动开身体，还应用少量冷水冲洗一下躯干和四肢，这样可以使身体尽快适应水温，避免出现头晕、心慌、抽筋现象。

5. 饱食或者饥饿时，剧烈运动和繁重劳动以后不要游泳。

6. 水下情况不明时，不要跳水。

游泳时如果心理紧张、水太凉或待在水里时间太长，都可能出现肢体抽筋的现象。抽筋的肢体会因肌肉痉挛而疼痛，如果发生在水深或水流较急的地方，极易造成溺水事故。一旦在水中发生肢体抽筋，要镇静，不要紧张，一面呼救，一面设法自救。

安全防护站

为防止肢体抽筋，下水前的准备活动应当充分，在水里时间别太长。一旦出现抽筋，针对不同的情况可以采取不同的自救措施。脚趾抽筋时，马上将腿屈起，用力将脚趾拉开、扳直；小腿抽筋时，先吸足一口气，仰卧在水面，用手扳住脚趾，并使小腿用力向前伸蹬；手指抽筋时，手应握成拳头，然后用力张开，如此反复即可解脱。

在江河湖中游泳，有时会遇到巨大的漩涡，此时应以最快的速度沿其切线方向游离漩涡中心，而千万不能采取直立踩水姿势，以防被强大的漩涡吸入水下。万一被卷入水下，也应在入水前深吸一口气争取以潜泳在水下奋力一拼，此时顽强的求生意识是获救的唯一希望。

发现有人溺水，作为中职生的我们不要贸然下水营救，应大声呼唤成年人前来相助。可以用竹竿、树枝、绳子等将溺水者拉上岸，切忌用手直接去拉落水者。如果自己受过水中救助训练，可以下水救护。救护者应从身后腋下伸手抱住溺水者，使其口鼻露出水面，协助他游向岸边。

专家提示

对溺水者的救护要领

施救者应尽可能脱去外衣裤和鞋靴，迅速游近溺水者。对精疲力竭的淹溺者，救护者可从头部接近。对神志清醒的溺水者，救护者应从背后接近，用一只手从背后抱住溺水者的头颈，另一只手抓住溺水者的手臂游向岸边。如救护者游泳技术不熟练，则最好携带救生圈、球、木头等进行救护，或投下绳索、竹竿等，使溺水者握住再拖上岸。用船救助时要用船尾接近落水者，以免落水者被船撞伤。

特别要注意的是，救援时应注意避免正面接近溺水者，以防止被缠抱而发生危险。如被抱住，应放手自沉，使溺水者松手，再救护。

救上岸后，应迅速清理溺水者口中污物、假牙托，挤出鼻腔分泌物和泥土，然后将溺水者放于自己膝部，使其头下垂，施救者用双手拍打溺水者背部和腹部将积水排出，并加以保温。如病人呼吸、心跳全没有了，应进行口对口人工呼吸及心肺复苏术，并立即送往医院。

二、野外谨防动物咬伤

每年 4 月至 10 月，是人们进行户外活动的最佳时间，但也是毒蛇的活动期。我们进行户外活动需要进入山区、树林、草丛地带时，应穿好鞋袜，扎紧裤腿，最好是手中拿一根棍子，一可拔草寻路，二可打草惊蛇。遇到蛇时，我们要保持镇定不动，让蛇自己逃走。

专家在线

被毒蛇咬伤，一般可在患处发现有 2 ~ 4 个大而深的牙痕，局部疼痛。被无毒蛇咬伤的，一般有两排“八”字形牙痕，小而浅，排列整齐，伤处无明显疼痛。对一时无法确定的，则应按毒蛇咬伤处理，处理方法如下：

1. 就地自救或互救，千万不要惊慌、奔跑，以防毒素加快吸收和扩散。

2. 用皮带、布带、手帕、绳索等物在距离伤口3～5厘米的地方缚扎。每隔20分钟需放松2～3分钟，以避免肢体缺血坏死。

3. 用清水冲洗伤口，用生理盐水或高锰酸钾液冲洗更好。

4. 用消过毒或清洁的刀片，连接两毒牙痕为中心做“十”字形切口，切至皮下能使毒液排出即可。

5. 用拔火罐或者吸乳器反复抽吸伤口，将毒液吸出。紧急时也可用嘴吸，但是吸的人必须口腔无破溃。

6. 点燃火柴，烧灼伤口，破坏蛇毒。

7. 尽快食用各类蛇药，咬伤24小时后再用药无效。

8. 将患者送往附近医院救治。

从事户外活动，还有可能受到蜂（如蜜蜂、黄蜂和土蜂）的“骚扰”。如果靠近蜂群或招惹群蜂追袭，可坐下不动，用外衣盖住头、颈，或蜷卧在地，待蜂群散开后，慢慢离开。一旦被蜂蜇伤，需要采取必要的救护措施。

专家在线

1. 不要紧张，保持镇静。

2. 如有毒刺蜇人皮肤，先拔去毒刺。

3. 清洗伤口，最好用肥皂水、食盐水或糖水。

4. 被黄蜂蜇伤时，可以用食用醋涂在患处。

5. 可以将大蒜、生姜捣烂后取汁涂于患处。

6. 如有韭菜，可取少许洗净捣烂成泥状并涂在患处。

7. 症状比较严重的，应该赶快送往医院进行抢救。

近年来，狗伤人的情况时有发生，被狗咬伤后可能会引发狂犬病等疾病。狂犬病致人死亡概率非常高。在户外活动时，千万不可逗狗特别是野狗。遇狗有敌意，我们不能跑，最好是蹲下身体，捡起或假装捡一块石头吓唬狗，待狗离去后再走。

被狗咬伤绝不能轻视，必须采取紧急处理措施。

被狗咬伤后，要立即处理伤口，首先在伤口上方扎止血带（可用手帕、绳索等代替），防止或减少病毒随血液流入全身。然后迅速用洁净的水或肥皂水对伤口进行流水清洗，彻底清洁伤口。不要包扎伤口，应将伤者迅速送往医院进行诊治，在24小时内注射狂犬病疫苗和破伤风抗毒素。

三、郊游迷路巧自救

案例聚焦

8名中职学生相约一起去长城郊游。事先，他们确定了路线，出发时还带了地图、指南针等工具。他们先是到达箭扣长城脚下一个叫西栅子的小村庄，吃过午饭，他们开始从东侧的旅游路线攀登箭扣长城的最高峰——正北楼。大约下午两点半登顶，欣赏完风光后，他们决定按照原路返回山下的西栅子村。本来应该向北走，但由于没有经验，他们误将南侧山脚下的一个小村庄当成是西栅子村。下到半山腰，穿过一片树林时才发现前面是悬崖，无路可走，带的指南针也不起作用了。此时已经是晚上6点半左右，除了一个小手电，他们没有带任何照明设备，根本搞不清楚所处的具体位置。因为事先没有做在山里过夜的准备，8位衣着单薄的同学开始感觉到了寒冷。经过商量，大家决定报警，并在原地等待救援。山里的温度很低，他们几乎一夜没有合眼，互相鼓励着，坚信能够平安回去。

怀柔警方在接到学生的求救电话后，立即组织消防人员和民警、熟悉地形的村民一同上山搜救迷路的学生。经过三次曲折的营救，终于在21个小时后将他们成功营救出山。

近年来，随着社会的发展，热爱户外运动的人越来越多。每逢周末、节假日，总有一些热爱户外运动的人，背上背包，三五相邀，行走在旅途中，涌向大自然的奇山丽水间，拥抱大自然，享受青山、绿水、蓝天。

信息平台

旅友（英文：Tour Pal）一词源自网络，谐音驴友，是对户外运动、自助自主旅行爱好者的称呼。在我国开展的主要户外运动包括远足、登山、攀岩、漂流、越野山地车等。这些属于驴友的运动中多数带有探险性，属于极限和亚极限运动，有很大的挑战性和刺激性。因为可以拥抱自然，挑战自我，锻炼意志以及团队合作精神，提高野外生存能力，所以深受青年人的喜爱。驴友通常自己计划安排衣食住行，以体验大自然为目的，自备各种必需的旅游用品，是一种更为自由、独立的旅行方式。他们往往通过互联网等形式来组团驴行。

户外运动爱好者经验不足、准备不充分、天气恶劣或缺乏安全意识，在欣赏美景与探险的旅途中，也可能会遇到一些意想不到的困难或突发事件，出现迷路、被困，甚至人身安全受到损害等各种危险。

安全防护站

给“驴友”的安全提醒

1. 网上交友需谨慎。特别是女生，千万不要通过网络邀约和不认识的人去旅行。旅行中，队伍人越多越好，熟悉的人越多越安全。同时，没有独自旅行经验的请谨慎起行。

2. 提前规划“驴行”路线，特别注意近期天气情况。带好装备、食物、水源、药物、驱蚊水等生活必需品，需特别注意人身财物安全，别带过多现金，有需要到附近银行取现。

3. 尽可能别去没有信号、人迹罕至的地方，以免发生危险而报警求助无门。

4. 提高自我保护意识，将每天经历告知家人或发微博，让家人和朋友及时了解去向。

5. 量力而行，如果出现生病情况及时到当地医院治疗，实在无法完成旅行的，请暂时放弃计划，或报警求助。

郊游行程中要特别注意的安全事项

第一，与同学一起出去郊游，中途也许会失散，所以事先一定要约好万一失散的会合地点及联络方式。

第二，郊外的地形、山势、村庄，对同学们来说很难分辨，所以不要离开集体单独行动，上厕所也要告知同学。

第三，自己的东西自己背，万一走失，还能用到自己背的食品、水及一些应急物品。

第四，最好每人都随身带着指南针、手表、手电和哨子，以便迷路的时候尽快确定方向，通过哨声或手电光与大家取得联系。

山林中迷路怎么办？

无论在山上还是林中迷路，一定要镇静，不要惊慌或盲目地继续前行。可以按下面的方法进行自救：

1. 回忆。立即停下来，回忆走过的道路。如果走得离大家不远，白天可按约定的哨声联络，晚上可用手电光联络。

2. 观察。看看周围的野草，刚走过的路，草会被踩倒且方向向前，辨明这点就有可能找到来时的路。

3. 到高处去。爬上最近的高大山脊，一来可以确定自己的位置，二来可以发现人活动的迹象。

4. 寻找水流。在林区，道路和居民点常常临水而建，所以沿着水流的方向走，就有可能找到人家，也容易走出山林。夜间注意不要轻易行走，应就地找个避风、保暖、安全的地方躲避起来，以防发生别的危险。

迷路后如何确定方向？

1. 如果带有指南针，可以用指南针判断方向，经过思考分析后决定怎么办。

2. 如果没有指南针，可以将有时针、分针的手表平放，时针指向太阳，则时针与表盘数码 12 的夹角的角平分线指向正南（在北半球是正南，在南半球是正北）。

注意：钟表的时间要大致准确，误差最好不超过 1 小时。

3. 如果见不着太阳，可以仔细观察苔藓的生长情况。在北半球，树干北面或石头北面的苔藓长势较南面的好。南半球则相反。

4. 在夜晚找方向，比较简单的方法就是找到北斗七星，然后找到北极星，你所面对的方向就是正北。

四、公共场所防挤踏

2014 年 12 月 31 日 23 时 35 分，大量游客、市民聚集在上海外滩迎接新年。上海市黄浦区外滩陈毅广场东南角通往黄浦江观景平台的人行通道阶梯处底部有人失衡跌倒，继而引发多人摔倒、叠压，致使拥挤踩踏事件发生，造成 36 人死亡，49 人受伤。

在公共场所发生人群拥挤踩踏事件是非常危险的，而那些空间有限，人群又相对集中的场所，例如球场、大型集会、节日盛会、拥挤的旅游景点、影院等都隐藏着潜在的危险。身处这样的环境中时，一定要提高安全防范意识。

群体性踩踏事故往往出现在这样的场所、时间和地点：影剧院、商场超市、展览馆、体育场等人群密度大的场所；学校下课放学、大型活动散场、火灾爆炸等突发事件引起混乱的时候；较狭窄的出入口、楼梯口、道路狭窄交叉处等位置；还有老人、妇女、少年儿童等弱势人群相对集中的地方。在这些地方如发觉人群情绪异常，或者拥挤的人群正朝自己所在方向涌来，要马上离开或躲避。

专家在线

群体动力学的研究表明，人群的行进速度不是决定于个体的平均行进速度，而是决定于人群密度。人群密度越大，群体的行进速度越慢，当人群密度达到一定极限时，就会由于拥挤过度而不能前进，进而发生拥挤踩踏事故。

防踩踏宝典

预防篇

◆别凑热闹。人多处，靠边站，别起哄。

去人多聚集的地方应保持平静，不制造紧张或恐慌气氛。参加演唱会之类时，选择靠边的位置利于快速撤离。人群涌来时，不要去观看发生了什么事。

◆牢记出口。出入口，先看好，撤得快。

入住酒店、去商场购物、观看体育比赛时，务必留心疏散通道、灭火设施、紧急出口及楼梯方位等，以便关键时刻能尽快逃离现场。

◆踩踏信号：被推了，转向了，有尖叫。

发生踩踏最明显的标志是，人流速度突然发生了变化，并发生了方向转变。突然感觉“被推了一下”，或者听到莫名尖叫时也要特别警觉，踩踏可能已经发生。

自救篇

◆不要逆行。不要跑，稳住脚，防摔倒。

尽量避开拥挤的人群，但不要奔跑。切记不要逆着人流前进，那样非常容易被推倒在地。如果陷入人群之中，要先稳住双脚。另外，要远离店铺的玻璃窗。

◆不要弯腰。鞋松了，包掉了，都别捡。

如果鞋被踩掉，不要弯腰提鞋；如果钱包落地，不要弯腰去捡，一旦被推倒很可能就再也起不来了，而且可能引起连锁推倒效应。请牢记生命永远比财物重要。

◆找个依靠。靠墙壁，扶电杆，抓扶手。

如有可能，靠墙站会较为安全，最好抓住一样坚固的东西，比如路灯柱、大树等。在拥挤的楼梯上，可以抓住楼梯扶手缓慢行走。

◆救命姿势：站立时手握拳，肘撑，架胸前。跌倒后，手抱头，膝前屈，要侧躺。

在拥挤的人群中，一手握拳，另一手握住该手手腕，双肘撑开平放胸前，形成一定的空间保证呼吸。

如不慎倒地，应两手十指交叉相扣，护住后脑和颈部，两肘向前，护住头部。双膝尽量前屈，护住胸腹；千万不要仰卧或俯卧。

危急时刻，可以这样保持心理镇定

1. 在拥挤的人群中，一定要时时保持警惕，不要被好奇心理所驱使。面对惊慌失措的人群时，更要保持情绪稳定，不要被别人感染，惊慌只会使情况更糟。

2. 已被裹挟至人群中时，要切记和大多数人的前进方向保持一致，不要试图超过别人，更不能逆行，要听从指挥人员口令，同时发扬团队精神，因为组织纪律性在灾难面前非常重要。专家指出，心理镇静是个人逃生的前提，服从大局是集体逃生的关键。

3. 如果出现拥挤踩踏的现象，应及时联系外援，寻求帮助，如赶快拨打110、999或120等。

第5节 社会安全

今天的中国政通人和，社会安定，经济繁荣。但犹如碧蓝的天空有灰尘、清澈的水里有泥沙一样，和谐社会中也存在着各种形式的违法犯罪现象，中职学生遭到不法分子侵扰的情况亦时有发生。因此，中职学生很有必要树立自我防范意识，掌握必要的防范方法，学会正确认识遇到的人和事，明辨是非，保护自我。

一、谨防诈骗

生活中，大部分人与人之间诚实守信，相互信任。但也有人见利忘义、欺骗他人、诈骗他人钱财等。中职学生由于阅历浅、社会经验相对不足，辨别是非能力不强，容易成为这些不法分子的侵犯对象，所以要了解社会中的欺诈现象，学会识别骗术，防止上当受骗。

案例聚焦

2016年8月19日，已接到南京邮电大学录取通知书的山东临沂女孩徐玉玉，接到了一个171开头的自称是教育局的陌生电话，对方声称有一笔助学金可以发给徐玉玉。按照对方要求，徐玉玉将准备交学费的9900元打入了骗子提供的账号……发现被骗后，徐玉玉万分难过。当晚，徐玉玉在报案回家途中突然晕厥，心脏骤停，虽经医院全力抢救，但仍没能挽回她18岁的生命。

即将毕业的职校学生杨林，在“智通招聘”求职网上看到“东莞华瑞达电子”招聘上海分公司经理的信息，向该公司投去简历。第二天便接到公司电话，希望尽快去东莞与老总面谈，飞机票由他们报销。杨林马上乘飞机到深圳转道东莞，并与公司取得联系。公司办事员骑着摩托车来接他，把他的随身行李放在摩托车前踏板，让他坐在后座。行驶中摩托车上一手提包掉了，办事员停车让他去捡。他刚下摩托车，摩托车突然发动绝尘而去。他发现掉在地上的是一个破包，他放在车上的手提包、笔记本电脑、手机等都被带走。

社会生活中，一些诈骗分子利用一些人贪财、爱占便宜的心理，或利用人们的同情心，或利用一些人怕事或者迷信的心理，或利用比较亲密的人际关系，通过隐蔽性和迷惑性较强的手段来达到行骗的目的，而一些人由于缺乏必要的防范意识而上当受骗。

诈骗分子的常用伎俩

利用手机、网络等现代通信工具，谎称中奖、消费、购买网络游戏币等骗取钱财。

以招聘等名义，利用中职学生急于就业的心理，设置骗局，骗取介绍费、押金、报名费。

故意丢下钱财，同伙捡拾后强拉人分钱，再伺机骗取钱财。

以假外币、高利集资为诱饵骗取人的财物。

假和尚、假道士、假尼姑以送“平安算命符”保平安为由，骗取他人钱财。

给家属打电话，声称家人在外遭遇车祸、住院急救等急需汇钱，骗取钱财。

冒充领导人、专家、演员、名人或其亲属，或假借亲戚、老乡的名义诈骗钱财。

以次充好，恶意行骗。一些骗子利用中职生“识货”经验少，又苛求物美价廉的特点，上门推销各种产品而使学生上当受骗。

天上不会掉馅饼。要防止上当受骗，首先要克服自己的贪念，不要抱有盲目贪取小便宜的心理，也不要听信旁人的起哄和劝说。要牢记“害人之心不可有，防人之心不可无”。

四类人容易受骗

1. 缺乏经验，疏于防范。
2. 轻信“朋友”，感情用事。
3. 有求于人，轻率行事。
4. 贪图钱财，爱占便宜。

防范诈骗提醒

不要将个人证件借给他人，以防被冒用。

不要将个人信息资料如存折和金融卡密码、住址、电话、手机号码等随意提供给他人，以防被人利用。

不可轻信陌生人，更不要将钱借给陌生人，防止以“求助”或利诱为名的诈骗行为。

不可轻信张贴的广告、电话中的勤工助学、求职应聘等信息，必须经过正规渠道获取相关信息。

无论何种理由都不能把资金打入陌生人账户、“安全账户”，谨防利用“任意显号”软件冒充电信、公安、法院、检察院、税务、亲友，以电话欠费、个人信息和信用卡涉嫌犯罪、购车退税、信用卡消费、车祸出事、小孩遭绑架等各种名目，提供“安全账户”，要求汇转资金的电信诈骗。

一旦发现可疑情况，及时向父母、老师或保卫部门、派出所报告。发现受骗之后，应立即向学校保卫部门和公安部门报案，并尽量详细地反映骗子的基本情况，如受骗经过和骗子的身高、长相、衣着、口音、习惯动作、联络方式、住址等，提供破案线索。

生活中的骗术花样百出，这些骗术还可能出现一些新的变化。但不管它们怎么变化，也不管它们如何高超，我们只要克服贪念，高防骗意识和警惕性，掌握防范的本领，就可以有效地保护自我，防止受骗。

乐于助人是中华民族的传统美德。世界需要热心肠，当有人向我们求助，我们又能判断其真实性，那么我们就应及时伸出援助之手，帮助他人渡过难关。

当我们想帮助求助者时，要注意以下几个方面：认真核实求助者的身份证明，查证求助者的身份；带求助者到公安部门或者救助站；可以帮助求助者拨打公用电话；保管好手机、银行卡和相关证件，不要交给陌生人；不要轻易带领求助者回家。

生活中，有诈骗行为的人毕竟是极少数。我们要防止上当受骗，并不是要怀疑一切和拒绝一切。只是生活中我们要有防范意识，要善于用自己的智慧识别所遇到的人和事，既善待他人又能保护自我。

二、小心掉入传销圈套

在十余平方米的“教室”内，挤着40多名刚毕业的中职生，他们正在接受传销课程。黑板上写着“成

功的起步、全新生活的开始”。他们被鼓励购买组织的“产品”、邀请新人加入，高呼致富的口号。他们每人一本通讯录，上面写着同学、亲戚、朋友的通讯地址、电话号码。据“上线”人物交代，由于五、六月份是中职学校毕业生找工作的时候，急于在社会上立足、挣大钱是他们普遍的心态。“上线”人物就利用这个机会，骗他们入会，条件是交3000元至5000元的入会费。而一旦交了钱，入会者就又如法炮制，去骗自己的同学、亲戚，甚至是弟妹、父母入会。

由于在校学生社会接触面不广，思想比较单纯，缺乏识别陷阱的能力，而很多人又具有积累社会经验的渴望，传销组织往往迎合他们的这种心理，大肆鼓吹“锻炼人”“轻易赚大钱”的观念，再通过强大的心理攻势和严密的组织控制，慢慢将其“俘虏”，使其落入传销泥潭，最终沦为传销组织者的敛财工具。

防范传销圈套，我们首先要辨别传销和直销，因为许多的传销者都是打着“直销”的旗号将中职生拉下水的。国务院颁布了《禁止传销条例》，首次以法规的形式对传销行为做了明确界定，传销是“指组织者或者经营者发展人员，通过对被发展人员以其直接或者间接发展的人员数量或者销售业绩为依据计算和给付报酬，或者要求被发展人员以交纳一定费用为条件取得加入资格等方式牟取非法利益，扰乱经济秩序，影响社会稳定的行为”。该条例明确规定了三类传销行为：发展人头，按人头计酬；成员资格取得需交纳费用或购买商品；有上下线，下线业绩作为上线取得报酬的依据。同时，国务院还颁布了《直销管理条例》，规定直销是指直销企业招募直销员，由直销员在固定营业场所之外直接向最终消费者推销产品的经销方式。

传销和直销的主要区别

1. 是否通过发展下线“圈钱”。区分的重要一条是：直销是以长期向顾客销售产品作为利润的主要来源，而传销是以发展下线收取高额入门费，并通过扩大下线来赚钱。

2. 是否团队计酬。《直销管理条例》规定，直销员获得的佣金只能来自直接销售额，总数不得超过其销售额的30%；传销多采取“复式计酬”方式，销售报酬并非仅来自利润本身，还要按发展传销人员的“人头”计算提成。《禁止传销条例》规定，以发展下线的业绩为依据计提报酬的是传销行为。

3. 推销的产品不同。传销的产品多是质次价高的产品，传销队伍里有一句“豪言壮语”：可以把石头当金子卖。他们所贩卖的是一种投资行为。而直销的商品大都为一些知名品牌，在国内外有一定的认知度。

4. 销售员结构不同。传销销售人员的结构往往呈金字塔式，谁先加入谁在上，收益数额由其加入的先后顺序决定，先加入者永远领先后来者，其推崇的是“一劳永逸、一夜暴富”的价值观；直销企业中直销员无论加入先后，在收益上表现为多劳多得，其强调的是按劳分配原则。

5. 行为性质不同。直销是依法经国家批准的合法经销方式；而传销是国家明令禁止的违法行为，将受到法律的制裁。

传销往往具有诱饵、购买、拉下线、提成、混居等特点，我们可以根据这些特点判断一些自诩为“锻炼人”“轻易赚大钱”的组织是不是传销组织，并远离这些组织。

传销的五个关键词

诱饵。一般是以快速发财来诱惑人们。他们往往宣称可以让人们在短时间内赚到上百万元，通过口若悬河地说上几十分钟，让人们相信挣钱是多么容易。

购买。一般让人们购买一样东西，比如皮具、西服、药品、器械等，声称是进口产品，交几千元钱或更多钱购买。

拉下线。他们会说一旦购买就有了销售权，也可以发展自己的部门，同时会让人们把这个发财的好机会告诉身边的亲朋好友，让他们一起加入。这实际就是拉人头来发展下线。

提成。他们会告诉人们，拉的下线越多，提成就会越多。发展下线到一定人数还会有奖金奖励和级别之分。

混居。他们没有任何正规手续，地点隐蔽，多租住在民房，人员混杂，十几个人吃住在一起，经常开会，灌输他们所谓的理念。

防范传销陷阱，我们要构筑心理防线，不要有不劳而获的思想。幸福和财富都需要通过自己的双手去创造，这世界没有一夜暴富的神话，不要被一些骗人的话所蛊惑而失去了应有的判断力。

要谨慎面对许诺优厚工作条件的招聘。对声称能疏通

关系安排工作，并直接向毕业生索取钱财；以用人单位要收取押金、保证金等费用等行为，不要轻易交钱，防止被骗。

要警惕以介绍工作为名，以高额回报为诱饵，却没有实际单位的招工信息。择业时要认真审查核实招聘单位的相关信息，确认招聘单位及经营活动的合法性。警惕亲戚、同学、朋友游说外地所谓高薪工作、合作做生意、介绍工作等名义的邀请。

“好工作”的诱惑成为拉在校学生下水的第一“帮凶”。据分析，受当前就业形势严峻的影响，面临就业压力的大专院校学生求职心切，而传销组织宣扬的“好工作”“高收入”等许诺，使他们很容易丧失抵制诱惑的能力，加之传销组织采取的限制人身自由等手段，导致他们迷失在传销“漩涡”之中难以自拔。当“好工作”从天而降时，我们要保持清醒的头脑，理性思考，防止掉入传销的陷阱。

要警惕假借直销名义，通过发展加盟商、优惠顾客等形式发展下线的传销活动。警惕以各种“网赚”为名的互联网传销等。一旦发现被骗误入传销圈套，要注意收集相关信息和线索，尽快与外界取得联系并设法脱身。在保证自身安全的前提下，应及时向当地公安、工商机关举报，以维护自身的合法权益。

2017年5月1日，广西南宁市1000多名警力同时出击，开展打击传销清查整治的“神剑”专项行动，抓获涉嫌传销人员368人，其中老总级人员82人，骨干人员249人，当场缴获涉案资金400万元，查扣电脑、银行卡、传销账本、传销网络图等涉案物品一批。据悉，近段时间来，传销组织在南宁市打着“开发北部湾”“西部大开发”“资本运作”等旗号，谎称得到国家暗中支持，鼓吹“事业合法”，欺骗民众，实施传销违法犯罪活动，且与非法集资、合同诈骗等非法经济违法犯罪相互交织。

为了维护广大人民群众的切身利益和市场经济秩序，我国从法律上明确禁止任何单位和个人从事传销。近年来，传销组织采取更为隐蔽、更为恶劣的手段进行不法活动，且有愈演愈烈之势，我国进一步加大对传销的打击力度，防止欺诈，保护公民、法人和其他组织的合法权益，维护社会主义市场经济秩序，保持社会稳定，构建和谐社会。

三、注意防扒、防抢

扒窃和抢劫抢夺是威胁中职生财产和人身安全的常见形式。提高防扒、防抢的警惕性，是中职生学会保护自我的重要内容。

乘车防扒五招

1. 买票切记别露白。乘车前，应事先估算车票的大致价位，提前准备好票款，不要与自己携带的钱款放在一起，以免给犯罪分子留下可乘之机。大额面钞和零钞要分别存放，避免使用零钱时露财“走光”“露白”，免得勾起“贼瘾”。在车站附近的商业场所也应多加注意，只顾与商贩讨价还价、挑选商品之时，往往是窃贼下手之机。

2. 上车谨防浑水摸鱼。在检票和上车时，人多比较拥挤，最好把背包挂在胸前，增加窃贼偷盗的难度。如果提包较长，应该把拉链的链头朝前。弯腰提行李、抬腿上下车、车辆拐弯急刹的瞬间，都是注意力分散、大露破绽之时，小偷特别容易得手。扒手们多是乘乱作案，所以乘车时尽可能不要拥挤，特别是放假或开学时，乘车人多，上、下车时更要注意。

3. 放置行李要防“上架子”。上车后应该把行李放在自己斜上方的架子上，以便随时看管自己的行李。头顶位置是人们视觉的盲区，窃贼们可以踩着凳子装作取自己的行李，乘机偷走乘客的行李，这种偷窃手段称作“上架子”。

4. 休息时谨防抠死倒。乘坐长途汽车、火车时，中午一两点钟和午夜十二点到清晨六点这段时间，乘客入睡，贼特别容易得手。中职生远行应在出门前保持充沛的体力，上车后尽量不在车上睡觉。有可能，最好结伴同行，轮流休息。

5. 谈话中要防“上托儿”。窃贼下手时往往要分散乘客的注意力，他们通常的手段是“上托儿”，即找各种借口与乘客搭讪，或者吸引其注意力，设计一个圈套让事主往里钻，另一个同伴就会伺机将乘客的财物偷走。

民警将识扒防扒技巧总结为三句话，即“一看眼睛二看手，三看衣着四看走，最后不忘嘴和口”。

一看眼睛。小偷的目光总是游移不定，面部表情紧张而专注，专盯别人放钱包的地方。

二看手。小偷在人群中，双手总是喜欢叉放在胸前下方，双肩忽高忽低，双臂时抬时放。叼票之人最为可疑，口叼车票十有八九是空出双手好作案。

三看衣着。春秋两季喜穿西装、风衣，且都是不扣敞开做掩护，夏季大多用报纸、杂志、手提袋之类物品挡住他人视线。

四看走。小偷在人多的地方喜欢不停改换位置，频换座位，甚至有位不坐，好乘机行窃。

五听“行话”看嘴口。小偷之间会有“行话”，称上衣胸前的口袋叫“天窗”，下面的口袋叫“平台”，裤子前面的口袋叫“底兜”，裤子后面的口袋叫“马后”，故有“上天窗，下平台；掏底兜，插马后”之说。闻此言语，要倍加小心。

如果防不胜防，丢失财物，一定要报警，虽然短时间内未必都能找回失物，但警方在抓获盗窃团伙时，常常会连带找出不少赃物，便于以后物归原主。信用卡丢失后必须立即挂失，以免造成更大的损失。倘若有幸当场擒住贼手，人赃俱在，千万不要将被窃钱财自行拿回，应仍由扒手暂时“保管”，否则到了公安部门容易被反咬一口，或是窃贼死不认账。

应对抢劫、抢夺等暴力侵犯行为，首先我们要有较强的防范意识。不经过案件多发场所，不显露自己的贵重财物，不轻易让陌生人进家门……这都是我们应具备的防范意识。

如何预防抢劫、抢夺

1. 尽量少走夜路、背街小巷、偏僻地段，要结伴而行，走人多、有路灯的大路。

2. 不要到人迹罕至偏僻的地方、隐蔽处、阴暗处，以及树林深处、草丛深处。

3. 不要炫耀、显露现金和贵重物品。骑自行车时不要把贵重物品、提包等放在车篓内，如果必须放在篓内，要将包带在车把上绕两周。

4. 在公共汽车上、商场内或排队拥挤时，注意把包放好或放在胸前，防止被盗或被抢。

5. 不要随便交友，不要被对方的“热情”所迷惑。如果发现有形迹可疑的人长时间跟踪尾随自己时，应立即往人多、繁华的地方走并及时向保卫部门、110或行人求助。

6. 对声称送货、送礼、上门维修、送广告品的人员，要先查明身份，提高警惕。若只有你一个人在家，切记不可盲目接待，防止发生入室抢劫案件。

遇到抢劫或抢夺时，不要惊慌，要保持镇静，头脑清醒，在确保自己安全的前提下，针对不同环境、不同情况，采取不同的策略与犯罪分子斗争。不到迫不得已时不要轻易与歹徒发生正面冲突，最重要的是要运用智慧，随机应变。无法反抗时，可先交出部分财物，同时理直气壮地对作案人晓以利害，引发其心理上的恐慌。要注意观察作案人的身体特征，及时报案。

四、防范性侵害

中职女生正值花季，容易受到性骚扰和性侵害。性骚扰是指他人通过言语或形体的有关性内容的侵犯或暗示，从而给另一方造成心理上的反感、压抑和恐慌的扰乱。性侵害是指在性方面造成的对受害人的伤害。

安全防护站

1. 夏天和夜间，女生容易遭受性骚扰、性侵害。夏季校园内绿树成荫，罪犯作案后容易藏身或逃脱。同时，由于夏季气温比较高，女生衣着单薄、裸露部分较多，因而对异性的刺激增多。夜间光线暗，犯罪分子作案时不容易被人发现。

2. 公共场所和僻静处所，女生容易遭受性骚扰、性侵害。公共场所如教室、礼堂、舞池、溜冰场、游泳池、车站、码头、江边、影院等人多拥挤时，不法分子常乘机骚扰女生；僻静之处如校园僻静处、公园假山、树林深处、夹道小巷、楼顶晒台、没有路灯的小道楼边、尚未交付使用的新建筑物等，不法分子常乘机伤害女生。

3. 易受性侵害的女生。长相漂亮，打扮入时者；文静懦弱，胆小怕事者；作风轻浮，有性过错者；身处险境，孤立无援者；体质衰弱，无力自卫者；怀有隐私，易被要挟者；不加选择，乱交朋友者；贪图钱财，追求享受者；意志薄弱，难拒诱惑者；精神空虚，无视法纪者。

4. 防范性侵害，女生应有的防范意识。夜间行走应保持警惕，结伴而行，不走偏僻、阴暗的小路；陌生男人问路时，不要带路，向陌生男人问路时，不要让他带路；不要穿过分暴露的衣服，防止产生性诱惑；不要搭乘陌生人的车辆，防止落入坏人圈套；遇到不怀好意的男人挑逗，要及时斥责；碰上坏人要高声呼救、反抗或周旋拖延，等待救援。

5. 防范性侵害，女生在宿舍时应注意：经常检查宿舍门窗，如发现损坏，及时报修；就寝前，要注意关好门窗，天热也不例外，防止犯罪分子趁女生熟睡时作案；夜间上厕所时，如走廊、厕所公共照明灯具已坏，应带上手电筒，返回时，应记住关好门；夜间如有男性敲门问讯，应保持高度警惕；放寒暑假不回家的女生，应3人以上集中居住。

不贪便宜，处事谨慎。防范性侵害，最重要的是要自爱自珍、提高警惕。对一般异性的馈赠和邀请应婉言拒绝，以免因小失大。不要轻易相信新结识的异性朋友，不能随便说出自

己的真实情况。对自己特别热情的异性，特别是相识甚至熟识的，更要倍加注意。

行为端正，态度明朗。行为端正，坏人无机可乘；态度明朗，会打消对方坏念头。如果自己态度暧昧、模棱两可，会增加对方幻想，使其继续纠缠。参加社交活动与男性单独交往时，要理智地有节制地把握好自己，尤其应注意不能过量饮酒。与异性要正常相处，不要在交往中表现轻浮，注意分寸，节制往来。

及时报告，争取帮助。对于那些失去理智、纠缠不清的人，女生不要惧怕要挟讹诈、打击报复，要揭发其阴谋或罪行，及时向学校报告。出了事，千万别“私了”，“私了”的结果常会使犯罪分子得寸进尺。

遭遇性侵害时应对要点

1. 保持镇静，临危不惧。镇静既可使自己临危不乱，又可对罪犯起到震慑作用。

2. 机敏坚强，顽强抵抗。与犯罪分子软磨硬泡，拖延时间，选择适当机会和方式逃离。

3. 胆大不慌，依法自卫。女生防身，要把握时机，出奇制胜，“狠、准、快”地出击其要害部位，即使不能制服对方，也可制造逃离险境的机会。人的身体各部位都可用来进行自卫反击，头的前部和后部可用来顶撞，拳头、手指可进行攻击，肘朝背后猛击是最强有力的反抗，用膝盖对脸和腹股沟猛击相当有效果，用脚前掌飞快踢对方胫骨、膝盖和裆部时常非常有效。同时，要注意设法在案犯身上留下印记或痕迹，以备追查、辨认案犯时做证据。

第6节 自然灾害防护

2008年5月12日14时28分，四川汶川发生8.0级特大地震，受灾地区人民生命财产和经济社会发展蒙受了巨大损失，遇难的人数超过8万。

在汶川大地震中，四川省安县桑枣中学31个班级的2300多名师生在2分钟内全部疏散到操场，无一伤亡。该校之所以创造出这样的奇迹，与该校经常开展的“逃生演练”是密不可分的。

桑枣中学每学期都要组织一次全校师生紧急疏散演练。演练时每个班级的疏散路线都是划定好的，在每个班级内，前四排学生走教室前门、后四排学生走后门也是规定好的。由于平时的多次演习，地震发生后，全校师生从不同的教学楼和不同的教室中，全部冲到操场，以班级为组织站好，用时1分36秒。

生活中常常会发生自然灾害，如地震、泥石流、洪水、雷击等。自然灾害难以避免，但我们可以学习防护自然灾害的有关知识，做到用知识守护生命，这样我们就能在自然灾害中找到生命的“安全出口”。

一、学会地震中自救

地震是地球内部缓慢积累的能量突然释放引起的地球表层的振动。地震带给人类的伤害是巨大的，尤其是它危及人们的生命。我国是一个地震多发的国家，地震给我国造成的破坏也相当大。

地震，特别是强地震发生之前，总会出现一些异常现象，也就是地震前兆。如果我们留心地震前兆，根据地震前兆做好防震防灾工作，我们的生命就多了一分安全。

信息平台

地震前兆

1. 地下水异常。

井水是个宝，前兆来得早。

天雨水质浑，天旱井水冒。

水位变化大，翻花冒气泡。

有的变颜色，有的变味道。

2. 动物异常。

震前动物有预兆，密切监视最重要。

骡马牛羊不进圈，鸭不下水狗狂叫。

老鼠搬家往外逃，鸽子惊飞不回巢。

冰天雪地蛇出洞，鱼儿惊慌水面跳。

3. 地光和地声。

地光和地声是地震前夕或地震时从地下或地面发出的光亮及声音，是重要的临震预兆。临震前，一瞬间，地发声，又发光，见此情，宜果断，速行动，才能少危险。

4. 有的人有异常感觉。

地震发生前，某些人也会有异常感觉，特别是老人、儿童、患病者可能更为明显。

如果大地开始颤抖，这就意味着地震来了。从地震发生到房屋倒塌，一般有 12 秒左右的时间。要在 12 秒内做出准确的躲藏抉择，保持镇静和避免惊慌非常重要。只有镇静，才有可能运用平时学到的地震知识判断自己的躲藏方向和自己将要采取的自救措施。

安全防护站

地震发生时

1. 如果在平房里，要迅速钻到床下、桌下，同时用被褥、枕头、脸盆等物护住头部，等地震间隙再尽快离开住房，转移到安全的地方。

2. 如果住在楼房中，最安全、最有效的办法是及时躲到两个承重墙之间最小的房间，如厕所、厨房等。

3. 如果正在上课时发生了地震，不要惊慌失措，更不能在教室内乱跑或争抢外出。靠近门的学生可以迅速跑到门外，中间及后排的学生可以尽快躲到课桌下，用书包护住头部；靠墙的学生要紧靠墙根，双手护住头部。

4. 如果正在街上，绝对不能跑进建筑物中避险，也不要在高楼下、广告牌下、狭窄的胡同、桥头等危险地方停留。

如果震后不幸被废墟埋压，要尽量保持冷静，设法自救。无法脱险时，要保存体力，尽力寻找水和食物，创造生存条件，耐心等待救援。

安全防护站

埋在废墟中怎么办

1. 震后如果被埋一定要沉着，最重要的是树立生存的信心，相信一定会有人来救你出去。

2. 保护自己不受新伤害。要注意保持呼吸畅通，尽量挪开脸前、胸前的杂物，清除口、鼻附近的灰尘；闻到有煤气味或灰尘太大时，应用湿衣物捂着口、鼻，要设法避开身体上方不结实的倒塌物、悬挂物，搬开身边可移动的杂物，扩大活动空间；设法用砖石、棍等支撑残墙断壁，以防余震时进一步被埋。

3. 设法与外界联系。仔细听听周围有没有其他人，听到人声时用石块敲击铁管、墙壁，以发出呼救信号。

4. 与外界联系不上时，要试着自行脱险。分析判断自己所处的位置，从哪个方向有可能出去；试着排除障碍，开辟通道。若开辟通道费时过长，费力过大，或不安全时，应立即停止，保存体力。

5. 暂时不能脱险时，要耐心保护自己，不要大声哭喊，不要勉强行动，以延缓生命。要设法寻找食物和水，食物和水要节约使用。如果受伤要想办法包扎。

海底地震可能会诱发海啸，海啸是一种具有强大破坏力的海浪，往往对生命和财产造成严重摧残。在海边游玩时，如果感觉到强烈地震或长时间的震动时，我们需要立即离开海岸，快速到高地等安全处避难。

二、防范泥石流和滑坡

案例聚焦

2008年1月3日，重庆市涪陵区第五中学附近发生了一起山体滑坡，由于事前监测准确及时，学校6000余名师生已全部疏散到安全地带。早在20天前，村民发现了数条巴掌宽、数十米长的裂缝，并立即上报涪陵区政府。地质监测人员发现山体裂缝不断扩大，于是涪陵区启动紧急预案，将学校6000余名师生全部疏散到安全地带。

我国是一个多山的国家，雨量集中，森林覆盖率低，加之人为因素的不良影响，泥石流与滑坡的发生比较普遍。我国泥石流和滑坡的分布范围之广、危害之大世界少有。

与地震一样，滑坡和泥石流也有前兆。如果处于滑坡和泥石流的多发区、易发区，我们要经常留心周围的环境变化，发现情况立即撤离危险地带，并及时上报学校或有关部门。

滑坡和泥石流发生前常有哪些异常（前兆）现象？

大滑动之前，在滑坡前缘坡脚处，有堵塞多年的泉水复活现象，或者出现泉水（水井）突然干枯、井（钻孔）水位突变等类似的异常现象；土体出现上隆（凸起）现象；有岩石开裂或被剪切挤压的音响；动物惊恐异常，植物变态，如猪、狗、牛惊恐不宁、不入睡，树木枯萎或歪斜等。

河流突然断流或水势突然加大，并夹有较多柴草、树木，深谷或沟内传来类似火车的轰鸣或闷雷般的声音，沟谷深处突然变得昏暗，还有轻微震动感，这些迹象都能确认沟谷上游已发生泥石流。

发现滑坡后，要迅速环顾四周，向较为安全的地段撤离。一般除高速滑坡外，只要行动迅速，都有可能跑离危险区段。跑离时，以向两侧跑为最佳。

发现泥石流后，要马上与泥石流成垂直方向向两边的山坡上面爬，爬得越高越好，跑得越快越好，绝对不能往泥石流的下游走。

山体滑坡和泥石流是可以预报的，我国的有关部门以及电视台的天气预报节目经常预报滑坡、泥石流的情况。我们可以经常收看有关预报，了解本地出现滑坡和泥石流的可能性，防范可能出现的灾害。

地质灾害气象预报

××××年×月×日

国土资源部、中国气象局今天下午5点整联合发布地质灾害气象预报：

预计，今天晚上到明天，安徽西南部、江西西部、湖南东部等地的部分地区地质灾害气象等级为3～4级，局部地区发生滑坡、泥石流等地质灾害的可能性大，需特别加强防范。

三、小心雷电伤人

2016年4月23日，一早，河南开封市出现雷雨天气，杏花营附近一名28岁男子在田间务农时不幸被雷击中身亡。他右耳出血、右侧面颊有灼伤。当时，他正戴着耳机接听电话。

2016年4月3日上午10时，江西南昌安义县墓区，4位撑伞扫墓市民，被雷击中，造成1人当场死亡，3人重伤。

广东一男子在一个暴雨天冒雨骑车回家，不幸被雷电击中胸口和大腿两侧，当即没有心跳、没有呼吸。经医院及时抢救，挽救了生命，但脑部严重受损，皮肤严重烧伤。

雷击是一种常常被人们忽视的严重气象灾害。我国是雷电灾害频繁发生的地区，每年发生的雷电灾害有近万次，造成的人员伤亡很大。

雷击虽然是不可避免的自然灾害，但采取与不采取措施以及措施科学与否，其后果大不相同。如果在室外遇到了雷雨，我们首先要做的就是找一个安全的“避难所”。即使在室内，我们也要采取一些应变措施。

在户外遭遇雷电天气怎么办？

1. 立即寻找避雷场所，可选择装有避雷针、钢架或钢筋混凝土的建筑物等处所。若找不到合适的避雷场所，可以蹲下，两脚并拢，双手抱膝，尽量降低身体重心，减少人体与地面的接触面积。

2. 不要待在露天游泳池、开阔的水域或小船上；不要停留在树林的边缘；不要待在电线杆、旗杆、干草堆、帐篷等没有防雷装置的物体附近；不要停留在

山顶、楼顶等高处。

3. 不宜在旷野中打伞或高举羽毛球拍、高尔夫球杆、锄头等；应立即停止踢足球、攀登、钓鱼、游泳等户外活动。

4. 要避免骑摩托车、自行车。

5. 多人一起在野外时，应相互拉开几米距离，不要挤在一起。

6. 身处空旷地带宜关闭手机。

雷雨天气时，如果在室内，要注意关好门窗，以防侧击雷和球状雷侵入；最好把家用电器的电源切断，并拔掉电源插头；不要使用带有外接天线的收音机和电视机；不要接打固定电话；不要接触天线、煤气管道、铁丝网、金属窗、建筑物外墙等；不要赤脚站在泥地或水泥地上；不要在雷电交加时用喷头洗澡。

当身边出现受雷击的人，我们该如何抢救呢？首先我们要相信，人遭雷击后如果抢救及时是有可能死里逃生的。然后，对在雷击中受到不同程度伤害的人，我们可以采取不同的抢救方法。

安全防护站

如果受雷击者只是衣服着火了，就应该马上让他躺下，使火焰不致烧及面部。可往伤者身上泼水，也可用厚外衣、毯子把伤者裹住以扑灭火焰。

如果受雷击者已经失去意识，但仍有呼吸和心跳，那么他自己恢复的可能性很大，应该让他舒适平卧。安静休息后，再送医院治疗。

若伤者已经停止呼吸和心跳，应迅速果断地交替进行口对口人工呼吸和心脏按压，并及时送往医院抢救。

受雷击者往往会出现失去知觉或假死现象，所以千万不要放弃急救！在未证实患者已经死亡之前，不应停止人工呼吸和胸外按摩术，并及时通知医生前往抢救。

四、洪水面前别逞强

很多人都对我国1998年的特大洪水记忆犹新。1998年我国气候异常，长江、松花江、珠江、闽江等主要江河发生了大洪水。尤其是长江流域暴发的特大洪水，其危害性仅次于1954年的洪水灾害。全国共有29个省、自治区、直辖市遭受了不同程度的洪涝灾害。据统计，农田受灾面积2229万公顷（3.34亿亩），成灾面积1378万公顷（2.07亿亩），死亡4150人，倒塌房屋685万间，直接经济损失2551亿元。

一个地区短期内连降暴雨，河水会猛烈上涨，漫过堤坝，淹没农田、村庄，冲毁道路、桥梁、房屋，这就是洪水灾害。中国自古就是洪涝灾害严重的国家。南方地区由于降水量大，雨季长，暴雨多，是洪涝灾害的多发地区。

人们常说：最可怕的是洪水猛兽。洪水即猛兽，一旦洪灾发生，人们的家园可能被摧毁，人的生命可能被吞噬，只有采取正确的方法，才能将损失降到最低，才能保证我们生命的安全。发生洪涝灾害时，首要的是找好安全避难所，避难所一般应选择在距家最近、地势较高、交通较为方便、卫生条件较好、能与外界保持良好通信联系的地方。

洪水来了，可以这样自救

1. 受到洪水威胁，如果时间充裕，应按照预定路线，有组织地向山坡、高地等处转移；在措手不及、已经受到洪水包围的情况下，要尽可能利用船只、木排、门板、木床等，做水上转移。

2. 洪水来得太快，已经来不及转移时，要立即爬上屋顶、楼房高屋、大树、高墙，做暂时避险，等待援救。不要单身游水转移，也不要爬到泥坯房的屋顶。

3. 发现高压线铁塔倾倒、电线低垂或断折时，要远离避险，不可触摸或接近，防止触电。

4. 洪水过后，要服用预防流行病的药物，做好卫生防疫工作，避免发生传染病。所有的水饮用前要彻底煮沸。

5. 都市中遇到洪水，要迅速登上牢固的高层建筑避险，尔后要与救援部门取得联系。在山区，如果连降大雨，很容易暴发山洪。遇到这种情况，尽量避免渡河，以防止遭遇山洪、山体滑坡、泥石流等灾害。

如果不幸被洪水冲走，在可能的情况下，要尽量抱住在水中漂泊的大树、木板等物。在洪水中拼搏，求生的欲望、坚强的意志和必要的水中技巧是十分重要的。要坚信自己一定能生存下来，要鼓励自己勇敢，要尽可能地保存体力以待救援。

信息平台

现在的天气预报节目一般都要发布暴雨预警信号。暴雨预警信号分三级，分别以黄色、橙色、红色表示。我们凭借天气预报，可以预知暴雨的动向，预测洪涝灾害的出现，采取科学的应对措施。

预警信号	图　　标	含　　义	防御指南
暴雨黄色预警信号	黄 YELLOW	6小时降雨量将达50毫米以上，或者已达50毫米以上且降雨可能持续。	1．家长、学生、学校要特别关注天气变化，采取防御措施； 2．收盖露天晾晒物品，相关单位做好低洼、易受淹地区的排水防涝工作； 3．驾驶人员应注意道路积水和交通阻塞，确保安全； 4．检查农田、鱼塘排水系统，降低易淹鱼塘水位。
暴雨橙色预警信号	橙 ORANGE	3小时降雨量将达50毫米以上，或者已达50毫米以上且降雨可能持续。	1．暂停在空旷地方的户外作业，尽可能停留在室内或者安全场所避雨； 2．相关应急处置部门和抢险单位加强值班，密切监视灾情，切断低洼地带有危险的室外电源，落实应对措施； 3．交通管理部门应对积水地区实行交通引导或管制； 4．转移危险地带以及危房居民到安全场所避雨； 5．其他同暴雨黄色预警信号。
暴雨红色预警信号	红 RED	3小时降雨量将达100毫米以上，或者已达100毫米以上且降雨可能持续。	1．人员应留在安全处所，户外人员应立即到安全的地方暂避； 2．相关应急处置部门和抢险单位随时准备启动抢险应急方案； 3．已有上学学生和上班人员的学校、幼儿园以及其他有关单位应采取专门的保护措施，处于危险地带的单位应停课、停业，立即转移到安全的地方暂避。 4．其他同暴雨橙色预警信号。

第7节 实训安全（上）

中等职业学校的实训是提高职业能力的重要途径，中职生不但要在生产实习、模拟仿真实训中强化技能训练，更要在实训操作中强化安全意识，养成遵守安全规程的习惯，为今后的职业生涯做好准备。

一、实训安全基本要求

案例聚焦

2016年4月1日河北省大名县一生物科技有限公司发生一起硫化氢中毒事故。工作人员把含有硫化钠碱性废水打入存有酸性废水池中，反应释放出高浓度硫化氢气体，致1人中毒；救援人员盲目施救，致事故扩大，造成3人死亡、3人受伤，直接经济损失约245万元。

2016年11月24日江西省丰城市一电厂在建冷却塔施工平台发生倒塌，76名工友当场被埋。最终，只有2名工人死里逃生，另外74名工人全部罹难。据初步调查，事故与建设施工单位压缩工期、突击生产、施工组织不到位、管理混乱等有关。

2016年，全国发生各类生产安全事故6万起，死亡4.1万人。

中职生的实训岗位在一线，发生事故的概率比在教室里学习文化、专业知识时大得多。一旦发生事故，小到擦破皮，大到断骨截肢甚至失去生命。这些事故有些是意外，但是多数是中职生在实训中违反操作规程和安全规定，疏忽大意造成的。发生事故，既给国家、社会带来危害，也给学校带来损失，更害了自己、害了父母。为了自己，为了家人，为了社会，中职生要对实训中违规违章可能出现的严重后果引起足够的重视。除了在专业课学习过程中，十分留意其中包含的安全要领外，还要在实训前认真学习有关安全制度、操作规程，在实训中认真遵守有关安全制度、操作规程。

实训的安全要求

1. 实训期间，必须树立“安全第一”的思想，必须服从领导、指导教师、带训师傅的指挥，必须严格遵守劳动纪律，必须严格执行有关安全规定。

2. 进入实训场地，必须按要求穿戴好劳动保护用品，必须勤瞭望、勤联系、勤汇报、勤求教、及时报告安全隐患，严禁抽烟、聊天、打闹和乱走乱动。

3. 进入岗位后，必须坚守岗位，必须严格按照规程操作，必须把工具放在指定位置、对号入座，必须保持岗位及周边卫生，必须经批准后再动电源或其他开关，必须做到不动其他设备和工具。

4. 离开岗位时，必须严格执行交接班制度，必须按要求拉闸断电或关闭液流开关，必须清点并归位工具和材料，必须按规定清扫实训场地，必须关严、锁牢工具箱和门窗。

5. 特殊作业岗位实训安全有更严格的要求。中等职业学校有不少专业对应的岗位是特种作业，参加实训的中职生必须做到两个方面：第一，实训前，认真学习该工种的安全规定，再三琢磨该工种操作的技术要领，反复按规范模拟操作动作；第二，实训时，必须在持有“特种作业人员操作证”的教师或师傅的指导下练习，绝对不能单独作业，不要以自己的一知半解逞能。

二、电气安全重在防触电

随着电气设备在各行各业的普遍使用，电气事故已成为引起人身伤亡、爆炸、火灾事故的重要原因。

四类电气事故

1. 触电事故。指人身触及带电体（或过分接近高压带电体）时，由于电流流过人体而造成的人身伤害事故。触电事故是由于电流能量施于人体而造成的。触电又可分为单相触电、两相触电和跨步电压触电三种。

2. 雷电和静电事故。指局部范围内暂时失去平衡的正、负电荷，在一定条件下将电荷的能量释放出来，对人体造成的伤害或引发的其他事故。雷击常可摧毁建筑物，伤及人、畜，还可能引起火灾；静电放电的最大威胁是引起火灾或爆炸事故，也可能造成对人体的伤害。

3. 射频伤害。指电磁场的能量对人体造成的伤害，亦即电磁场伤害。在高频电磁场的作用下，人体因吸收辐射能量，各器官会受到不同程度的伤害，从而引起各种疾病。除高频电磁场外，超高压的高强度工频电磁场也会对人体造成一定的伤害。

4. 电路故障。电能在传递、分配、转换过程中，由于失去控制而造成的事故。线路和设备故障不但威胁人身安全，而且也会严重损坏电气设备。

在电气事故中，触电事故是最常见的事故。触电事故往往发生很突然，而且在极短的时间内造成极为严重的后果。从触电事故的发生频率来看，还是有规律可循的。中职生把握这些规律，可以在实训中有重点地、有针对性地把握实训安全。

触电事故的规律

1. 触电事故季节性明显。每年的第二、三季度事故多，6～9月最集中。主要是由于这段时间天气炎热、人体衣单而多汗，触电危险性较大；还由于这段时间多雨、潮湿，电气设备绝缘性能降低。

2. 低压设备触电事故多。低压触电事故远多于高压触电事故。主要是由于低压设备远多于高压设备，与之接触的人又比较缺乏电气安全知识。

3. 携带式设备和移动式设备触电事故多。主要是由于这些设备需要经常移动，工作条件较差，容易发生故障，而且经常设备在被人紧握之下发生。

4. 电气连接部位触电事故多。电气事故多发生在分支线、接户线、地爬线、接线端、压线头、焊接头、电线接头、电缆头、灯座、插头、插座、控制器、开关、接触器、熔断器等处。主要是由于这些连接部位机械牢固性较差，电气可靠性也较低，容易出现故障。

5. 农村触电事故多。主要是由于农村用电条件差、设备简陋、人员技术水平低、管理不严、电气安全知识缺乏等。

6. 冶金、矿业、建筑、机械行业触电事故多。由于这些行业环境潮湿、高温、现场情况复杂，有移动式设备和携带式设备多或现场金属设备多等不利因素存在，因此触电事故较多。

7. 中青年以及非电工事故多。中青年是接触电气设备的一线操作人员，他们因经验不足和缺乏电气安全知识的非电工人员都易发生触电事故。

8. 误操作事故多。操作程序不规范、操作动作不熟练，易导致触电事故。

防止触电，保证用电安全，我们在实训中要采取一些必要的措施。

1. 防止接触带电部件。

（1）绝缘：用不导电的绝缘材料把带电体封闭起来，这是防止直接触电的基本保护措施。但要注意绝缘材料的绝缘性能应与设备的电压、载流量、周围环境、运行条件相符合。

（2）屏护：采用遮拦、护罩、护盖、箱闸等把带电体同外界隔离开来。此种屏护用于电气设备不便于绝缘或绝缘不足以保证安全的场合，是防止人体接触带电体的重要措施。

（3）间距：为防止人体触及或接近带电体，防止车辆等物体碰撞或过分接近带电体，带电体与带电体，带电体与地面，带电体与其他设备、设施之间，皆应保持一定的安全距离。间距的大小与电压高低、设备类型、安装方式等因素有关。

2. 防止电气设备漏电伤人。

（1）保护接地：将正常运行的电气设备不带电的金属部分和大地紧密连接起来。其原理是通过接地把漏电设备的对地电压限制在安全范围内，防止触电事故。保护接地适用于中性点不接地的电网中，电压高于 1 千伏的高压电网中的电气装置外壳，也应采取保护接地。

（2）保护接零：在 380 伏 / 220 伏三相四线制供电系统中，把用电设备在正常情况下不带电的金属外壳与电网中的中性线紧密连接起来。其原理是在设备漏电时，电流经过设备的外壳和中性线形成单相短路，短路电流烧断熔丝或使自动开关跳闸，从而切断电源，消除触电危险。适用于电网中性点接地的低压系统中。

3. 采用安全电压。

根据生产和作业场所的特点，采用相应等级的安全电压，是防止发生触电伤亡事故的根本性措施。国家标准《安全电压》（GB 3805-83）规定：我国安全电压额定值的等级为 42 伏、36 伏、24 伏、12 伏和 6 伏，应根据作业场所、操作员条件、使用方式、供电方式、线路状况等因素选用。安全电压有一定的局限性，适用于小型电气设备，如手持电动工具等。

4. 漏电保护装置。

漏电保护装置，又称触电保安器，在发生电气设备及线路漏电或触电时，它可以立即发出报警信号并迅速自动切断电源，从而保护人身安全。漏电保护装置按动作原理可分为电压型、零序电流型、泄漏电流型和中性点型四类，其中电压型和零序电流型两类应用较为广泛。

5. 合理使用防护用具。

在电气作业中，合理匹配和使用绝缘防护用具，对防止触电事故，保障操作人员在生产过程中的安全具有重要意义。绝缘防护用具可分为两类，一类是基本安全防护用具，如绝缘棒、绝缘钳、高压验电笔等；另一类是辅助安全防护用具，如绝缘手套、绝缘（靴）鞋、橡胶垫、绝缘台等。

触电急救方法

触电急救的基本原则是动作迅速、方法正确。从触电后3分钟开始救治触电者，90%有良好效果；从触电后6分钟开始救治触电者，10%有良好效果；而从触电后12分钟开始救治触电者，救活的可能性很小。

应根据触电者的具体情况，迅速对症救护。

1. 如果触电者伤势不重、神志清醒，但有些心慌、四肢发麻、全身无力；或者触电者在触电过程中曾一度昏迷，但已经清醒过来，应使触电者安静休息，不要走动。严密观察并请医生前来诊治或送往医院。

2. 如果触电者伤势较重，已失去知觉，但还有心脏跳动和呼吸，应使触电者舒适、安静地平卧，周围不围人，使空气流通，解开他的衣服以利呼吸。如天气寒冷，要注意保温，并速请医生诊治或送往医院。如果发现触电者呼吸困难、气息微弱，或发生痉挛，应随时为进一步的抢救做准备。

3. 如果触电者伤势严重，呼吸停止或心脏跳动停止，或二者都已停止，应立即施行心肺复苏。一般情况下，心脏停搏不超过4分钟，有可能恢复功能；若超过4分钟，易造成脑组织永久性损伤，甚至导致死亡。因此，急救必须及时和迅速。心跳、呼吸骤停的急救，简称心肺复苏，通常采用胸外心脏按压和口对口人工呼吸方法。应当注意，急救要尽快地进行，不能等候医生的到来。在送往医院的途中，也不能中止急救。

三、机械安全重在准备工作

中等职业学校实训涉及机械安全的专业很多，在参加实训前必须掌握有关安全知识。

机械危险大量表现为人员与可运动物件的接触伤害，各种形式的机械危险与其他非机械危险往往交织在一起。由于引起机械危险的因素不同，机械伤害类型也多种多样。

机械伤害的基本类型

1. 卷统和绞缠。引起这类伤害的是做回转运动的机械部件（如轴类零件），包括联轴节、主轴、丝杠等；回转件上的凸出物和开口，例如轴上的凸出键、调整螺栓或销、圆轮形状零件（链轮、齿轮、皮带轮）的轮辐、手轮上的手柄等。

2. 卷入和碾压。引起这类伤害的主要危险是相互配合的运动，例如，两个做相对回转运动的辊子之间的夹口引发的卷入、滚动的旋转件引发的碾压。

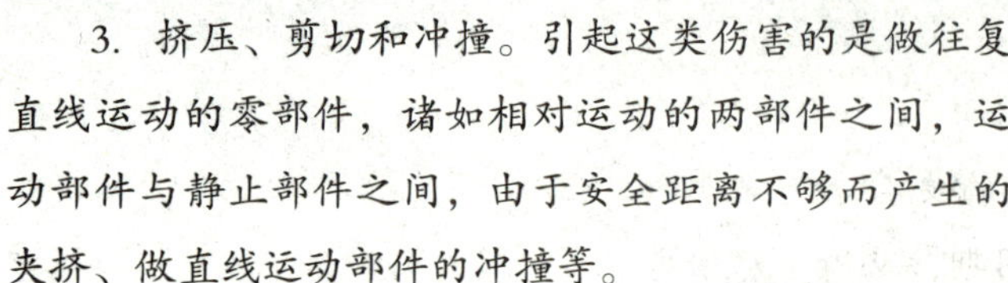

3. 挤压、剪切和冲撞。引起这类伤害的是做往复直线运动的零部件，诸如相对运动的两部件之间，运动部件与静止部件之间，由于安全距离不够而产生的夹挤、做直线运动部件的冲撞等。

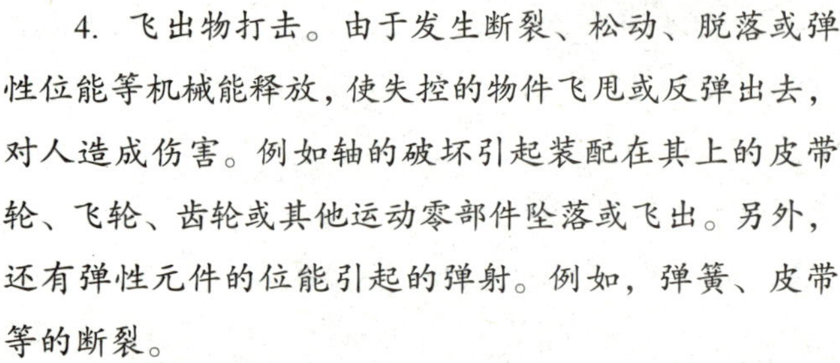

4. 飞出物打击。由于发生断裂、松动、脱落或弹性位能等机械能释放，使失控的物件飞甩或反弹出去，对人造成伤害。例如轴的破坏引起装配在其上的皮带轮、飞轮、齿轮或其他运动零部件坠落或飞出。另外，还有弹性元件的位能引起的弹射。例如，弹簧、皮带等的断裂。

5. 物体坠落打击。处于高位置的物体具有势能，当它们意外坠落时，势能转化为动能，对人造成伤害。例如，高处掉下的零件、工具或其他物体。

6. 切割和擦伤。切削刀具的锋刃，零件表面的毛刺，工件或废屑的锋利飞边，机械设备的尖棱、利角和锐边，粗糙的表面（如砂轮、毛坯）等。无论物体的状态是运动的还是静止的，这些由于形状产生的危险都会构成伤害。

7. 碰撞和剐蹭。机械结构上的凸出、悬挂部分（例如起重机的支腿、吊杆，机床的手柄等），长、大加工件伸出机床的部分等。这些物件无论是静止的还是运动的，都可能产生危险。

8. 跌倒、坠落。由于地面堆物无序或地面凸凹不平导致的磕绊跌伤，接触面摩擦力过小（光滑、油污、冰雪等）造成打滑、跌倒。假如由于跌倒引起二次伤害，那么后果将会更严重。例如，人从高处失足坠落，误踏入坑井坠落。

防范机械危险，防止机械事故，是每一个实训生都要注意的。在实训中，当与机械打交道时，我们一定要采取必要的安全措施。

1．按规定使用个人劳动防护用品。

个人防护用品是保护劳动者在机械的使用过程中的人身安全与健康所必备的一种防御性装备，在意外事故发生时对避免伤害或减轻伤害程度能起到一定的作用。按防护部位不同，劳动防护用品可分为九大类：安全帽、呼吸护具、眼防护具、听力护具、防护鞋、防护手套、防护服、防坠落护具和护肤用品。

使用个人劳动保护用品时注意事项

1. 根据接触危险能量的作业类别和可能出现的伤害，按规定正确选配。该用的一定要坚持佩戴，不该用的坚决不用，否则不但没有保护作用，还可能造成不应有的危害。

2. 防护用品一定要达到保护功能的要求，并合乎使用条件的技术指标。使用中应注意有效使用期，及时检查报废，否则起不到应有的防御作用。

3. 个人防护用品既不是也不可取代安全防护装置，它不具有避免或减少面临危险的功能，只是当危险来临时起一定的防御作用，必要时，可与安全防护装置配合使用。

2. 实训环境的安全措施。

要保证通道畅行无阻，满足物料输送和人员走动的需要。有障碍物或悬挂突出物，以及机械可移动的范围内应设防护或加醒目标志。

工具应按规定摆放，原材料、成品、半成品应堆放整齐，平稳，防止坍塌或滑落。要及时清理废屑，保持地面平整、无油垢和水污，室外作业场地应有必要的防雨雪遮盖。要保证足够的作业照明度。

3. 严格按规程操作。

操作者不按安全操作规程操作，是发生事故的重要因素，如工件或刀具没有夹持牢固就开动机床，在机床运转中调整或测量工件、清除切屑等。

在操作时必须严格遵守的 8 项要求

1. 机械设备运转时，禁止用手触摸齿轮、链条、刀轴（杆）等，清扫齿轮和链条要停车进行。

2. 移动皮带时，必须使用专用工具，禁止直接用手在皮带上涂油脂或蜡，一般应停车进行，或在皮带出口端进行。

3. 运转的机械在切断动力源后，尚有动惯性，禁止用手或工具制动。

4. 需要打开或卸下安全防护罩时，应有显示危险标志，防止意外开动。

5. 禁止伸手越过转动的机械或工件，进行操作和调整。

6. 发现机械设备或开关按钮有故障，应报告车间主管人或专职人员，及时修理。

7. 钻床、车床、铣床、木工机床等操作工，禁止戴手套，工作服要穿着整齐，留长发的要戴帽子，以防绞碾。

8. 作业停止时，必须使机械各部分能量降到零位，并切断电源、气源等。

在机械维修岗位参加实训时，必须在受过专门训练的、有经验的操作人员指导下进行。必须在维修工作开始前，使机器设备完全处于零点状态。即完全切断机器设备的动力源（电、气、水）和压力系统介质的来源；把机器设备各部分的位能放到操作时的最低阈位；把贮存气体的柜、槽等容器内的压力降到大气压力，并把动力源切断；排出机器管路、气缸内的油和气及其他介质，使之不能推动机器工作；机器运动部分的功能，都应处于操作控制器的最低阈位；对机器中松动和仍能自由移动或偶然移动的构件加以固定；应防止由于机器移动而使原来的支撑件或支撑材料产生移动；防止附近的外部能量引起机器维修部位突然运动。

当伤害事故发生后，应立即拨通 120 急救电话，报告出事地点、受伤人员及伤情，同时应根据具体情况对伤员进行现场急救。

机械维修事故急救

对心跳呼吸停止者，现场施行心肺复苏（见本书“触电急救”）。

对失去知觉者宜清除口鼻中的异物、分泌物、呕吐物，随后将伤员置于侧卧位以防窒息。

对出血多的伤口应加压包扎，有搏动性或喷涌状动脉出血不止时，暂时可用指压法止血，或在出血肢体伤口的近端扎止血带，扎止血带者应有标记，注明时间，并且每 20 分钟放松一次，以防肢体的缺血坏死。

对骨折者，就地取材固定骨折的肢体，防止肢体的再损伤。

遇有开放性颅脑或开放性腹部伤，脑组织或腹腔内脏脱出者，不应将污染的组织塞入，可用干净碗覆盖，然后包扎；避免进食、饮水或用止痛剂，速送往医院诊治。

当有木桩等物刺入体腔或肢体，不宜拔出，宜锯断刺入物的体外部分（近体表的保留一段），等到达医院后，准备手术时再拔出，有时戳入的物体正好刺破血管，暂时尚起填塞止血作用，一旦现场拔除，会招致大出血而来不及抢救。

若有胸壁浮动，应立即用衣物、棉垫等充填后适当加压包扎，以限制浮动，无法充填包扎时，使伤员卧向浮动壁，也可起到限制反常呼吸的效果。若有开放性胸部伤，立即取半卧位，对胸壁伤口应行严密封闭包扎，使开放性气胸改变成闭合性气胸，速送医院。

第8节 实训安全（下）

中等职业学校所设专业对应的职业群中，有许多岗位需要与化学品接触、与高空作业打交道，因此在实训时，必须掌握化学品安全、高空作业安全、实验室安全等有关知识。

一、化学品安全影响大

化学品安全隐患不仅存在于化工企业，在农业、医药、交通、建筑、商贸以及现代制造业等行业中也存在。

在生产中，对人体有害的物质，称为生产性毒物或工业毒物。毒物在生产过程中以多种形式出现，同一种化学物质在不同生产过程中呈现的形式也不同。生产性毒物在生产过程中常以气体、蒸气、粉尘、烟和雾的形态存在并污染空气环境。如氯化氢、氰化氢、二氧化硫、氯气等在常温下呈气态的物质是以气体形态污染空气的。一些沸点低的物质，是以蒸气形态污染空气的，如喷漆作业中的苯、汽油、醋酸乙酯等。喷洒农药时的药雾、喷漆时的漆雾、电镀时的铬酸雾、酸洗时的硫酸雾等，是以雾的形态污染空气的。

专家在线

常见的危险化学品有：液化气、管道煤气、香蕉水等油漆稀释剂、汽油、苯、甲苯、甲醇、氯乙烯、液氯（氯气）、液氨（氨、氨水）、二氧化硫、一氧化碳、氟化氢、过氧化物、氰化物、黄磷、三氯化磷、强酸、强碱、农药杀虫剂，等等。

危险化学品对人体的伤害主要是刺激眼睛、流泪致盲，灼伤皮肤、溃疡糜烂，损伤呼吸道、

胸闷窒息，麻痹神经、头晕昏迷，以及引起燃烧爆炸，导致物毁人亡。

在化工、医药企业生产厂区或商业企业的化学品贮存区内，往往24小时不间断地处理或贮存着大量的易燃、易爆，有毒、有害物质，如管理不善或突发故障都可能发生物料外逸或聚积，而导致灾害发生。再加上塔、台、设备与管线工艺装置连通，压力容器、电气装置、运输设备、检修作业、排放管沟等不利因素，均对人构成潜在危险。因此在化学品生产或贮存区参加实训的中职生，必须自觉地遵守有关规章制度，才能保证安全生产。

信息平台

中职生在化学品生产、贮存区实训的10个不准

1. 加强明火管理，区内不准吸烟。明火是一种引起燃烧、爆炸的常见激发因素。按化学品生产、贮存企业防火防爆的特点，对使用明火要严加控制和管理，对必须在化学品生产、贮存区动火的作业，首先要办动火手续，并要采取可靠的安全措施。化学品生产、贮存区内，绝对不准吸烟。

2. 实习生不准随意进入生产、贮存区。化学品生产、贮存区内是有毒有害物质密集的地方，进入者必须熟悉有关安全制度及生产操作、设备及环境。未成年人不准进入化学品生产、贮存区，实习生必须有专人带领才能进入。

3. 顶岗实习不准睡觉、离岗和干与生产无关的事。职工上班是在安全生产的基础上完成各项生产任务指标，只有在上班集中精力，才能掌握本职岗位责任目标，随时注意设备运转、上下工序之间工艺物料平衡和不同的状况，调整处理异常情况，保障安全生产。中职生参加实训，必须按职工的标准要求，不得随意走动，更不能打闹追跑。

4. 不准使用汽油等易燃液体擦洗设备、用具和衣物。由于汽油等挥发性强的可燃性液体的去污能力强，有人用来去除油污，在化学品生产、贮存区很容易引起火灾、爆炸，应严禁使用。

5. 不按规定穿戴劳动防护用品，不准进入生产岗位。按规定穿戴防护用品，是防止伤害筑起的第二防线。参加岗位实训的中职生必须按各岗位的特定要求穿戴劳动防护用品。

6. 安全装置不齐全的设备、工具不准使用。生产或贮存化学品常用的安全装置主要有：防护安全装置、信号安全装置、保险安全装置、连锁安全装置，等这些是为了保证正常生产，预防人身、操作和设备事故必不可少的器件。它不仅要齐全有效而且要确保灵敏可靠，必须按制度规定进行检查、核对，调试检验。

7. 不是自己分管的设备、工具不准动用。操作生产设备、工具须具备专业技术。不是自己实习岗位的设备、工具，不准动用。即使是自己熟悉的设备，但由于不当班，不了解工作现状和现存缺陷，动用设备也容易引发事故。

8. 检修设备时安全措施不落实，不准检修。化工生产、贮藏设备与一般的设备不同，检修前需要拆除保温填料，与生产系统隔绝才能清洗置换设备内的化学品。同时，一边生产一边检修，危险性极大。如不按规定程序办理检修作业证、停送电联系单等就可能发生事故。检修中的事故，是化学品事故中比例比较大的事故。

9. 停机后的设备，未经彻底检查，不准启用。化工生产、贮藏设备都相互连通，又很高大笨重，停机后内部情况多有变化，安全措施不落实，极易发生事故。必须按开机程序全面检查后确认无误，才能启动开机。

10. 未取得安全作业证的职工，不准独立作业。特殊工种，未经取证不准作业。中职生在实训中必须有持证人员指导，不准独立作业，无证作业属违法行为。

此外，危险化学品，要做到标签完整，密封保存，避热避光，远离火种。参加实训的中职生，在实训前，必须了解所使用的危险化学品的特性和安全要求；在实训中，必须严格执行安全规定和操作程序，不盲目操作，不违章使用。

发生化学事故后，我们要懂得自我防护，才能守护自己的生命与健康

1. 呼吸防护。

在确认发生毒气泄漏或袭击后，应马上用手帕、餐巾纸、衣物等随手可及的物品捂住口鼻。手头如有水或饮料，最好把手帕、衣物等浸湿捂住口鼻，最好能及时戴上防毒面具、防毒口罩。

2. 皮肤防护。

尽可能戴上手套，穿上雨衣、雨鞋等，或用床单、衣物遮住裸露的皮肤。如已备有防化服等防护装备，要及时穿戴。

3. 眼睛防护。

尽可能戴上各种防毒眼镜、防护镜或游泳用的护目镜等。

4. 撤离。

判断毒源与风向，沿上风或侧上风路线，朝着远离毒源的方向迅速撤离现场。不要在低洼处滞留。

5. 冲洗。

到达安全地点后，要及时脱去被污染的衣服，用流动的水冲洗身体，特别是曾经裸露的部分。

6. 救治。

迅速拨打120急救电话，及早送医院救治。中毒人员在等待救援时应保持平静，避免剧烈运动，以免加重心肺负担致使病情恶化。

二、建筑安全要求高

中等职业学校建筑类专业实训安全，不但涉及机电安全和搬运、起重安全，而且还与多种行业的安全有关，各工种的安全要求也各具特点。我们要特别注意安全隐患较多的高空作业和拆除作业安全。

距地面2米以上，工作斜面坡度大于45°，工作地面没有平稳的立足地方或有震动的地方，视为高空作业。不仅建筑业有高空作业，电工、高楼清洗等工种也需要进行高空作业。

信息平台

高空作业安全基本要求

高空作业区地面要划出禁区，用篱笆围起，并挂上“闲人免进”“禁止通行”等警示牌。夜间作业，必须设置足够的照明设施，否则禁止施工。靠近电源（低压）线路作业前，应先停电。确认停电后方可进行工作，并应设置绝缘档壁。作业者最少离开电线（低压）2米以上，禁止在高压线下作业。遇六级以上大风时，禁止露天进行高空作业。进行高空焊接、氧割作业时，必须事先清除火星飞溅范围内的易燃易爆器。当结冻积雪严重，无法清除时，停止高空作业。

登高前，必须穿戴防护用品，裤角要扎住，戴好安全帽，不准穿光滑的硬底鞋。要有足够强度的安全带，并应将绳子牢系在坚固的建筑结构件上或金属结构架上，不准系在活动物件上。施工负责人必须再次进行现场安全教育，并再次检查所用的登高工具和安全用具。

高空作业所用的工具、零件、材料等必须装入工具袋。上下时手中不得拿物件；必须从指定的路线上下，不得在高空投掷材料或工具等物；不得将易滚易滑的工具、材料堆放在脚手架上；不准打闹。工作完毕应及时将工具、零星材料、零部件等一切易坠落物件清理干净，以防落下伤人；上下大型零件时，应采用可靠的起吊机具。

严禁上下同时垂直作业。若特殊情况必须垂直作业，应经有关领导批准，并在上下两层设置专用的防护棚或者其他隔离设施。严禁坐在高空无遮拦处休息。卷扬机等各种升降设备严禁上下载人。

在石棉瓦屋面工作时，要用梯子等物垫在瓦上行动，防止踩破石棉瓦坠落。不论任何情况，不得在墙顶上工作或通行。脚手架的负荷量每平方米不能超过270千克，如负荷量必须加大，架子应适当加固。超过3米长的铺板不能同时站两人工作。脚手板、斜道板、跳板和交通运输道，应随时清扫。如有泥、水、冰、雪，要采取有效防滑措施，并经安全员检查同意后方可开工。使用梯子时，必须先检查梯子是否坚固，是否符合安全要求。立梯坡度60° 为宜，梯底宽度不低于50厘米，并应有防滑装置。梯顶无搭钩，梯脚不能稳固时，须有人扶梯，人字梯拉绳必须牢固。

进行拆除作业时，拆除区周围应设立围栏，挂警告牌，并派专人监护，严禁无关人员逗留。 拆除工程在施工前，应将电线、煤气管道、上下水管道、供热设备管道等干线、通向该建筑物的支线切断或迁移。拆除过程中，现场照明不得使用被拆建筑物中的配电线，应另外设置配电线路。

2017年1月12日，郑州农业路沙口路高架桥一处在拆除施工中的桥面发生坍塌事故，当时施工方正在做旧桥匝道拆锯作业，部分拆除的旧桥箱梁放支架上，支架坍塌引起支架连通被拆旧桥一并坍塌。路经此处的79路公交车车头部位遭遇撞击受损，事故造成1人死亡，8人受伤。

拆除作业时，应该站在专门搭设的脚手架上或其他稳固的结构部分上操作。建筑物拆除时，应按屋顶板——屋架或梁——承重砖墙或柱——基础的顺序进行，自上而下，禁止数层同时拆除。当拆除某一部分的时候应防止其他部分倒塌。

心理健康教育篇

第1节 生命中的风雨彩虹

在成长的道路上，我们会因为美丽的彩虹而快乐欣喜，也会因为风雨的阻挡而伤心哭泣，甚至会失落和绝望。这些正如我们生命旋律中一个个跳跃的音符，使生命之歌变得更为美丽动听而富有生机活力。

一、人生风雨相伴

人的生命是从受精卵开始的，经过母亲温暖的子宫怀胎十月，到呱呱啼哭的婴儿出生，从天真无邪充满浪漫的幼儿园儿童，经过小学的门槛背着书包走向中学，经过中学的洗礼，迈向大学和社会。从英姿飒爽的青年到有丰富社会经验的壮年再到满面皱纹的老年至死亡。在这个过程里，人必定经历过许许多多的幸福与欢乐，也必定经历了许许多多的肉体痛苦和精神创伤。

在每个人的成长道路上，不可能凡事都一帆风顺。有生有死，有起有落，有得有失，有快乐也有痛苦。人生就是一个风雨的历程，如潮起潮落、花开花谢。

案例聚焦

我在一个温馨而快乐的家庭中度过了快乐的小学时光，我为有一个充满温馨的家感到自豪，常常带一些同学到家里来玩。我的爸爸妈妈曾经非常恩爱，可是后来父母离婚了，我内心痛苦极了，仿佛一下子从高山掉入了深谷，再也不敢把同学带回家，同时也拒绝所有同学的家庭邀请。

后来，我读了一些书，理解了许多东西，仿佛觉得自己长大了许多，也快乐起来了。我觉得父母的离异也没有什么错，那是他们自己的事情。他们并没有因为分手而减少对我的爱，我也真心希望他们幸福，无论他们当初的选择，还是现在的选择我都能接受。

生活总在给予大家考验，也许是意外伤害，或是突如其来的变故，如亲人过世、父母离异；也许是身体上的疼痛，或是精神上的打击、折磨……我们能经受生活的考验吗？

活动天地

有人说，当今的青少年，是在超级温暖的家庭氛围中长大的，家长对他们寄予了太高的期望，付出了太多的爱心，以至于在过多的呵护和包办代替下，大多数孩子形成了没有毅力、耐心，情感脆弱，经不起半点挫折的“蛋壳心理”。老师的一次批评就有可能使他们走上极端道路。电视、报纸上这样令人痛惜的故事已屡见不鲜。

1. 在你的身上有“蛋壳心理”的反应吗？
2. 针对青少年的“蛋壳心理”，谈谈你的看法。

人生就像一条不断奔腾向前的河流，总会不时地出现湍急的漩涡和迂回曲折，如果将幸福、快乐比作沐浴阳光，那不幸、失败和挫折就好比经受狂风暴雨。人不能祈求永远只在阳光下生活，在生活中从来没有失败、挫折是不现实的，也是不可能的。我们要以一颗平常心来面对挫折。

活动天地

1. 问问你的爷爷奶奶、爸爸妈妈或者其他人，在他们的生命中有过哪些快乐时光，又遇到过什么样的磕磕绊绊？

2. 回顾自己的生活，你曾经遇到过哪些困难或挑战？你当时的心理感受是怎样的，又是如何处理的？在下面相应选项后打勾，并写下自己的具体感受。

生理方面：		学习方面：	
对自己的外貌不满意	（ ）	学习成绩不理想	（ ）
脸上青春痘太多	（ ）	觉得自己不够聪明	（ ）
生理有缺陷	（ ）	受到老师的批评	（ ）
人际关系：		生活变化：	
不受老师喜爱、信任	（ ）	父母不和或父母离异	（ ）
交不到知心朋友	（ ）	亲人得病或去世	（ ）
与父母关系不好	（ ）	受到意外伤害	（ ）

____

____

____

二、风雨折射彩虹

“不经历风雨，怎么见彩虹”，绚丽的彩虹只有在风雨之后，才会显现在世人面前，尽显美丽的色彩。花草树木只有在经历了风雨的洗礼之后，才会更加青翠娇艳，枝繁叶茂；人们也只有经历了人生的风雨坎坷之后，才会更加意志坚定，尽领人生的真谛。

案例聚焦

每当看到同学们踏着音乐节拍翩翩起舞时，我多么希望自己也能蹦蹦跳跳，和大家一起欢快地跳舞。伤心的是，我有先天性脚疾，走路都一瘸一拐的，行动极不方便，怎能跳舞呢！为此我曾非常的伤心。

后来，我读了张海迪姐姐的感人故事，从中汲取了勇气。一个想法使我非常兴奋，我决定把自己对生活的美好憧憬编成舞蹈，让同学们表演。为了设计舞蹈动作，我克服行动不便的困难，在家里对着穿衣镜一遍又一遍地练。

校园艺术节上，看到同学们伴随着音乐跳起我编导的舞蹈，我特别高兴！

在生活的道路上，遇到的困难和挑战，可能激发出我们自己也想象不到的潜能。对每个人来说，潜能犹如一座待开发的金矿，蕴藏丰富，需要我们去挖掘和开发。

专家在线

现代医学心理学认为，由于各种复杂的内部和外部原因，人的大脑机能存在着一种抑制现象，使得人们长期难以察觉自己的能力。在意想不到的强刺激条件下，这种抑制被解除，蕴藏在人体内的潜能会突然爆发出来，产生一种神奇的力量。科学家指出，人的能力有90%以上处于休眠状态，没有开发出来。我们如果能多挖掘自己一些潜能，那将会创造更亮丽的人生风景线。

坚强并不是天生就有的。树木受过伤的部位，往往变得最硬。人的成长也一样，经历逆境的伤痛和苦难之后，才能磨砺出优良的个性。如果能经历一段逆境的磨难为自己的人生“垫底”，那么以后我们不管遇到什么意外和困苦之境遇，就都能应对和承受。

案例聚焦

张穆然在初三时不幸患了卵巢胚胎瘤，在第二次手术后她看到了自己的病历。从那时起，

她生命中最不寻常的一页掀开了。“医生从我身上切除了一个4公斤重的瘤子，”她对朋友说，“没有经历生与死的一瞬间，也许永远不会有死里逃生的那种心情。哎呀，我又活过来了，这个世界没有抛弃我，又把我抱回来了，真好！”

一个年仅16岁的女孩子，她用坚强和乐观的态度面对命运的不幸，用微笑迎接死神的挑战。她说：“以前我觉得这个世界太不公平了，让我得了这病，现在看来，不过是生活转了一个弯。”在病房里，她和同学、老师、校长说笑，她的笑容真实而美丽；她和医生讨论病情：“我自己的事情自己一定要清楚，这样才能以正常的心态看待自己的病。”埋套管针的时候，她不让医生用麻药，她说要记住生命中每一分钟的痛。

张穆然说：“这场病改变了我。以前我认为，父母给了我生命，我爱怎么活就怎么活；现在不这么想了，生命的长短不是一个量词，活得有价值就长，没有价值就短。我觉得我与病抗争就有价值。”

癌症虽然夺去了张穆然的生命，然而她对生命执着的态度，对生活的热爱，与病抗争的勇敢，却感染着、感动着每一个人。

每个人的生活经历不一样，所经历的风雨也不一样。从风雨中得到的启迪与教训，得到的磨炼也不一样。人们也正是在经历了风雨和阳光、坎坷与坦途，经过比较之后，方能明白：什么为痛苦，什么为幸福；什么为缺憾，什么为满足。

> 面对挫折，强者在认真总结和自我激励中进步，弱者在哀怨自怜和自我否定中迷失方向。

人生不止一个变量

果真，一次失败就影响终身？果真，一次选择就意味着歧路难返？

在小尺度的视野中，这次的失败、这次的选择，让你看到的可能是曲折；但用人生的大尺度来观照，前面山重水复，风云变幻，还有多少未知的变量？

如果一个变量就能决定人的终生，那当年一千多万知识青年，为什么今天却命运迥然不同？

如果一个变量就能决定人的终生，为什么有些尖子生，走上社会后却并不出色？

如果一个变量就能决定人的终生，又该怎么解释无数名人曲折的成功之路？

出生于贫穷的家庭能决定人的一生吗？出生在富裕家庭能决定人的一生吗？一次考试能决定人的一生吗？一次分配又能决定人的一生吗？

事实是，人生会受到多种变量的影响。这些影响是正面的还是负面的，有时并不取决事情本身，而取决于你怎么看待它，取决于你怎样对待它。

在人生的旅途上，总会有一些事情是我们无法预测和把握的，它们可能会使我们的命运发生一时的逆转，比如父母离异、亲人亡故、考试落榜，等等。如果你认为这个变量就已决定一生，你就会沉浸在后悔、悲叹、担忧和抱怨的坏情绪之中，白白消耗生命的能量。但如果你懂得人生的变量不止一个，后面还有很多机遇等待你去把握，你就能振作起来，为明天的起飞积蓄能量。

生活中没有克服不了的困难，没有跨越不过的坎，经历了风雨的磨炼，我们的生命之歌会更为美丽动听而富有活力。

成功与失败往往只是一念之差，伟大与平庸之间、成功者与失败者之间往往也只有一步之遥。

成功者与失败者都有相同的人生过程，跌倒了，爬起来，再跌倒，再爬起来……只不过成功者跌倒的次数比爬起来的次数要少一次，而平庸者跌倒的次数比爬起来的次数要多一次，最后一次爬不起来，或不愿爬起来，不敢爬起来的人，人们就把他们定义为“失败者”。

请永远记住，这个世界根本没有失败，只是暂时没有成功；只要不放弃，失败永远不会是定局。

我们要学会在和风细雨的优越环境中成长，更要学会在荆棘遍地的险途中成长；学会在师长的祝福鼓励中成长，更要学会在逆境中成长，使自己的生命变得充实而有意义。

阅读空间

给困难起名字

你给困难起了一个只有一个字的名字，叫：坎。

在你办公室最显眼的位置上，悬挂着一幅卷轴，上面写着“坎”。几年前，你一手创建的企业因为遇上一场意外的官司而风雨飘摇。你正愁闷着，你父亲送来这幅字。他说：“孩子，说白了，这困难其实就是道坎，你说，这天下有人迈不过去的坎吗？”

我给困难起了一个两字的名字，叫：弹簧。

我以前教过的一个学生来找我，诉说他现在如何的处境不佳，困难重重。我在他说话的间隙，插了一句：“困难就像弹簧……”他不等我说完就接下去说：“你弱它就强，你强它就弱。”说完他就笑了，再也不提困难这两个字了。

他给困难起了一个三个字的名字，叫：绊脚石。

打电话问起他最近在做什么。他说他在搬石头。我吃了一惊：一个搞电脑软件的怎么会去搬石头呢？原来，他正在开发一个软件，已经失败了好多次，可他一直坚持着不放弃。他说：

“我准会把这块‘绊脚石’搬开的。”

我们给困难起了一个四个字的名字，叫：小菜一碟。

公司接到一笔大订单，按理要三个月才能完成的工作量，却要求我们在一个月内交货。老总很清楚这绝不是件容易的事情，但从公司发展的角度出发却必须完成。在全体职员大会上，老总问，怎么样？能不能完成？真完不成我们就放弃。我们全体员工是这样说的：没问题，小菜一碟。

困难没有统一的标准，如果你认为它是道坎它就是道坎，你迟早会迈过这道坎；如果你认为它是弹簧它就是根弹簧，你铆足劲一不留神就能把弹簧拉得失去弹性；如果你认为它是绊脚石它就是块绊脚石，搬开后，你的面前马上呈现出一条宽阔的阳光大道来；如果你认为它是小菜一碟就是小菜一碟，你肯定会有十足的信心将它几大口吃个精光。

第2节　天天好心情

渴望人生的愉悦，追求人生的快乐，是人的天性。每个人都希望自己的人生是快乐的，是充满欢声笑语的。但生活不尽是彩虹，总会有阴霾和风雨，我们要学会调整心态，化解困惑和郁闷，才能保持快乐的心情，享受生命的绚丽和多彩。

一、好心态改变我们的世界

我是一个乐观的人，在我看来，人生到处是快乐。虽然人生不可能是一帆风顺的，但克服困难的过程也是一种快乐。每天的好心情让我结交了许多朋友，让我的学习成绩日益进步，让我感到身边的一切都那么美好。

——一位职高学生的日记摘抄

快乐就在我们身边，处于花季的我们，只有保持积极乐观的心态，天天都有好心情，才会获得很好的生命质量，体验别人体验不到的亮丽的生活。

案例聚焦

去上海学习3个月的爸爸今天要回来了，这让林林的心情好极了，学校的铃声似乎从来没有今天这样悦耳动听过，昔日调皮的邻桌男孩，今天的举动也顺眼了许多。走在回家的路上，林林觉得往日熟悉的风景也有了一些新意……

生活中经常会有这样的情况，当自己心情特别好的时候，感觉周围充满了阳光，一切都是那么的美好，这种感觉是那么的惬意和快乐，使人难以忘怀。相反，人若常在沮丧、忧伤、焦躁、愤怒、悲观的情绪中生活，会觉得生活索然无味，内心痛苦不堪。这种心态可能诱发疾病或加重疾病，损害人的身体健康。

案例聚焦

同样是癌症患者，在同样的医治条件下，心态好的病人可能治愈或延长生命的时间，但心态不好的病人大多在病发几个月后就死亡了。因此，有人说，癌症病人的死亡当中，有1/3是“吓”死的。现代医学也认为，人类70%以上的疾病都是因为心理问题而引发或加重的。

积极的心理对身心健康的良好作用是任何药物和补品都不能代替的，消极的心理对健康的危害不亚于细菌和病毒。人在平静、欢快的情绪中，食欲会较好，肠胃的消化吸收能力和身体抵抗力相对较强。

俗话说：人逢喜事精神爽。积极乐观的心态是身体健康的金钥匙。乐观像春天的鲜花、夏天的甘泉，像友人的扶持、母亲的抚摩，是生命活动中最深层的活力之源，是最强大的抗病卫士。乐观开朗的性格，积极向上的心态，能和畅气血、理顺机能、强健身体、提高人体的免疫力。

二、我的心态我做主

案例聚焦

一只破木桶和一只好木桶同时被主人用来挑水，主人每次到家时，好木桶的水满满的，而破木桶的水却已经漏得只剩下一半。为此，破木桶感到非常自责，觉得自己一无是处，于是请求主人解雇自己。听了破木桶的话，主人将它带到自己每日挑水必经的路上，指着路边盛开的花儿说：“这是你的功劳啊！”破木桶这才发现，在自己经过的一侧开满了美丽鲜艳的花朵，而在好木桶经过的那一侧，却少有花草。

生活的快乐与否，完全决定于个人对人、事、物的看法如何，因为生活是由思想造成的。如果我们想的都是欢乐的念头，我们就能欢乐；如果我们想的都是悲伤的事情，我们就会悲伤。

——［美］戴尔·卡耐基

在顺境中感到高兴快乐，这是人人都容易做到的。但在逆境中能调整心态，实现自我激励的人，才是真正的智者。生活中我们常常会遇到难题和困惑，此时，拥有不同的心态，就会产生截然不同的结果。

案例聚焦

每年的3月到5月是我国南方的梅雨季节。面对绵绵的雨季，不同的人会有不同的态度。

学生甲：由于下雨，马路上没有灰尘，空气也新鲜极了。

学生乙：雨儿雨儿快停下，我想到外面踢球了，老天爷，求您了！

村民：这雨简直就是喜雨，细雨绵绵好耕田，水就是我们农民的命根子！

城市居民：这梅雨简直就是“霉雨”，让我烦透了，上下班要冒雨不说，洗了的衣服也难得干，家里许多东西都快霉了。

面对同样的情景，为什么人们会有不同的态度？

积极乐观的心态不是与生俱来的，我们可以通过努力，学会用科学的调适方法，有意识地调节和控制自己的心态，使自己保持乐观的情绪，成为自己心态的主人。

活动天地

“你的心情，现在好吗？你的脸上还有微笑吗？人生自古，总有许多愁和苦，请你多一些开心，少一些烦恼。”这是歌曲《祝你平安》中的歌词，希望人们在生活中要保持积极乐观的心态。

说一说：影响你心情的主要因素是什么？你保持快乐心情的秘诀是什么？

调整心态，首先要从积极方面看待事物。一个人快乐不快乐并不在于事件本身，而在于你对该事件的看法与评价。同一件事，从不同的角度分析，会得到不同的答案。如果从消极方面看，往往只看到它阴暗的一面，从而感到迷茫困惑。如果从积极的一面去看待和思考，情况就会截然不同。改变思维的角度，是保持乐观心态的好办法。

阅读空间

◆两个人从牢中的铁窗望出去。一个看到泥土，一个却看到了星星。

◆生命在于运动，健康在于胸怀，眼光决定成败，境界决定命运。

◆生活是一面镜子，你对它笑，它就对你笑；你对它哭，它就对你哭。

◆乐观的人，在每一次忧患中，都能够看到一个机会；而悲观的人，则在每个机会中，都看到了忧患。

活动天地

已经策划好的秋游活动因为安全问题被取消了。

积极思考	消极思考
教育部门对学生的安全非常关心	学校领导限制我们的自由
学生外出确实容易发生事故，不去没关系	所谓了解社会，全是空话！每天困在学校里，真是烦
我们再选择适当的形式开展活动	下次再也不参加学校的活动了
我对这个问题的看法：	

当我们面临的情况不容乐观，或者当消极悲观的情绪涌上心头时，要及时控制和提醒自己，并努力从积极的方面去思考对策，这是保持乐观心态的重要保证。

案例聚焦

在学校运动会上，只拿了年级400米第五名的海涛欣喜若狂，而得了亚军的小强却高兴不起来，心情坏透了，还把自己的跑鞋扔得远远的。

原来海涛从来没有参加过该项目的比赛，并且平时跑步成绩很一般，而小强却一直是年级该项目的冠军。

其次，适当降低对自己的期望值，是保持乐观心态的需要。快乐是愿望得以实现时所产生的情绪体验，快乐的程度取决于愿望满足的程度。如果愿望没有得到满足，就容易产生消极的情绪。因此，我们要记住：知足常乐。

活动天地

◆在处境不好的时候，我们可以这样对自己说："这已经很好了！""这与最差的结果相比已经不错了！""还有机会！"

◆在损失了钱财时，安慰自己："舍财免灾！""留得青山在，不怕没柴烧！"

◆在努力后达不到自己的目标时，对自己说："我已经尽力了，以后继续努力，一定能取得更大的进步。"

有人说，自我安慰会使人安于现状，不利于个人的成长和发展。你同意这种观点吗？请说说你的理由。

进行积极的自我暗示，学会自我安慰是保持乐观心态的好方法。在现实生活中，很多事情是我们无法把握的，但面对各种事情时，能否保持乐观的心态，达到自我心理平衡，则取决于我们自己。

案例聚焦

由于座位的调整，我的同桌换成了一位"小不点"。她其貌不扬，个头像小学生，脸上还"星罗棋布"着一些痘痘。说实话，我很不乐意与这样的人同桌。但半个学期下来，我对她的看法彻底改变了。我发现，她乐观、自信，充满爱心，在学习上的毅力更让我叹服。虽然她并不漂亮，但很爱可爱……我发现自己被她感染了。

第三，要保持乐观的心态，还需要从人格修养方面健全和完善自己。自信、爱心、友善、责任、热情、毅力都是我们拥有乐观心态的条件。自信，会让人充满信心并积极面对一切；关爱他人，会让更多的人关爱你，化解你的郁闷，分享快乐；毅力，会让你在不利的状态下勇敢前进，改变自己的命运。

专家在线

如何调整自己的心态，化解消极情绪，不同的人会有不同的办法。如转移注意力、适当发泄、运动驱散、学会幽默等，还有一些人喜欢在购物、美食中消除坏心情，这些都是可行的，但切不可采用过激或消极行为，如借酒消愁、沉迷赌博和网络等。

你若不喜欢你的世界，希望改变它，那就从改变自己开始吧。我们可能无法改变风向，但我们可以调整风帆；我们可能无法左右事情，但我们可以调整心情。让我们保持积极乐观的心态，享受快乐人生吧！

阅读空间

快乐是一种心境

一位乞丐赤脚乞讨，因为没有鞋穿，他感到十分痛苦。后来，他看见一位没有双脚的人，忽然感觉自己十分快乐。

快乐是什么？

在病人眼里，健康是快乐；在受难者心里，平安是快乐……快乐就这么简单，与高官权势无关，与百万家财无关。

快乐来源于满足。没有在冰天雪地里跋涉过的人，不会感到温室的舒坦；没有经历过饥饿煎熬的人，不知道温饱的含义。满足是快乐的根源，不满足是烦恼的制造工厂。富翁在席梦思床上失眠，而流浪汉却在街头睡得十分香甜。当你手捧半杯咖啡，为失去另外半杯而烦恼时，不如为拥有半杯而快乐。

犹太人有一句谚语："假如你失去一只手，就庆幸自己还有另外一只手；假如失去两只手，就庆幸自己还活着；如果连命都没有了，就没有什么可烦恼的了。"这不是阿Q精神胜利法，而是一种乐观、豁达的精神。你的心灵中没有乐观，那还有什么能使你拥有长时间的快乐呢？

任何一种不足挂齿的生活常态，都可能构成快乐的元素，只是当你拥有时，你体会不到快乐，而当你失去它们后，才体会到原来自己曾经拥有快乐。

快乐其实就是一种心境，它与生命的形式无关，与得失成败无关，也没有量化标准。乐观，制造快乐；满足，产生快乐；豁达，拥有快乐。保持乐观、满足和豁达，快乐将永远围绕在你身边。

第3节 为生命减压

生命中的风雨会给我们造成心理上的压力。压力可能是我们成长的动力，也可能是我们成长的阻力，关键看你能不能正确认识压力，掌握调控压力的科学方法，提高抗压的能力。

一、成长需要压力

初中毕业没有考上理想的普通高中，成为一名职业高中学生，我总觉得比别人低一等，不好意思见其他初中同学，学习上也总提不起劲。想到家长的期待，同学们的竞争，自己的理想，我感到很茫然！

在人的一生中，压力是难免的。作为学生，不仅面对学习、考试的压力，而且还要面对升学、就业等各种事关个人前途、命运抉择的压力。

生活中面临的压力通常可以分为如下几类：

生理压力：饥饿、疼痛等身体健康问题。

心理压力：缺乏安全感、不能得到爱、自尊心受辱等。

个人发展压力：学业受挫、考试失败、择业不满意等。

人际关系压力：同学关系不好、家庭关系紧张、被他人排斥等。

环境方面压力：噪音、空气污染、居住条件不良、突发灾难等。

社会文化压力：文化环境差异、现实社会角色期待存在差距等。

一艘货轮卸货后返航，在浩瀚的大海上，突然遭遇巨大风暴。惊慌失措的水手们急得团团转。老船长果断下令："打开所有货仓，立刻往里面灌水。"

水手们担忧："险上加险，不是自找死路吗？"

船长镇定地说："大家见过根深干粗的树被暴风刮倒过吗？被刮倒的是没有根基的小树。" 水手们半信半疑地照着做了。虽然暴风巨浪依旧那么猛烈，但随着货仓里的水达到一定的水位，货轮渐渐地平稳了。

船长告诉那些松了一口气的水手："一只空木桶，是很容易被风打翻的，如果装满水负重了，风是吹不倒的。在船上负重的时候，是最安全的时候，空船时，才是最危险的时候。"

生活宛若琴弦，没有压力，就没有动人的旋律；而过大的压力，则会导致断弦的结局。做睿智的人，学会从容应对压力，让生活的旋律不停歇。

心理学家研究表明，适当的压力是有益的，有利于人的发展，可以激励人高效率地工作或学习，成为鞭策人前进和发展的动力，成为人们成功的催化剂。反之，无压力的生活，容易消磨人的意志，使人缺乏进取心。

信息平台

压力曲线反映了一个人承受压力与压力效应之间的关系。可以分为 5 个区。

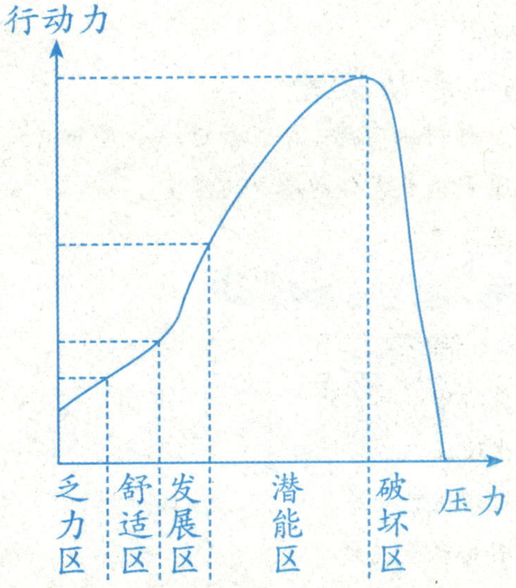

乏力区：几乎无压力，也没有行动力，处于迷茫无助的乏力状态。

舒适区：存在压力，通常感觉不出来，感觉特别舒适，虽有压力效应，但不明显。

发展区：压力明显存在，为解除压力，寻求生理、安全、认同、尊重等满足而努力，行动力快速提高。

潜能区：压力很大，一般的现实能量已无法应对，需要调动潜在能量，做出超常的努力。行动力常以本能的方式表现出来，如，强烈的求生愿望、急中生智等。

破坏区：当压力超过顶峰值时，感到无力承受，行动力突然遭到毁灭性破坏而骤然直线下降，直至为零。在行为上表现出放弃、倒退，有时会出现精神崩溃、心理受挫、心理失常的现象。

可见，过度的压力也不利于人的成长。它会降低我们学习的效率，打击我们的信心，会摧毁我们的斗志，甚至会影响我们健康的身体。

过度的压力的影响

生理方面	心悸、心跳加速、血压升高、呼吸急迫、胸部有压迫感、头晕头疼、新陈代谢加速、失眠、疲倦、食欲变化（厌食或饮食过度）、脸部红潮、出汗、眼皮跳动、四肢肌肉紧张、尿急尿频、便秘、腹泻等
行为方面	紧张、不安、动作失调、人际关系出现变化（退缩、逃避等）、易怒、脾气暴躁，甚至采取极端手段（暴力、自残等）
认知方面	注意力不集中、知觉感受能力下降、思考中断或混乱、不能做出客观判断、出现判断失误、健忘、缺乏创造性等
情绪方面	不愉快、烦躁、焦虑、恐惧、害怕、苦闷、神经质、容易出现惊吓或兴奋等反应、罪恶感、压抑，甚至幻想等

请你仔细回想一下，最近一个星期中，以下问题使你感到困扰或苦恼的程度，填写一个你认为最能代表你的感觉的答案。

身心适应状况	完全没有	轻微	中等程度	厉害	非常厉害
1.感觉紧张不安。	0	1	2	3	4
2.觉得容易苦恼或动怒。	0	1	2	3	4
3.感觉忧郁、心情低落。	0	1	2	3	4
4.觉得比不上别人。	0	1	2	3	4
5.睡眠困难，比如难以入睡、易醒或早醒。	0	1	2	3	4

计分方式及解释

0～5分：没有明显困扰。心理健康状况良好，请继续维持好心情。

6～9分：轻度。注意调整自己的压力状况，试着放松心情。

10～14分：中度。目前可能有心理困扰，建议找专业人员谈一谈。

15分以上：重度。目前的心理困扰程度需要专业人员的协助帮忙。

提示：参考计分只是反映当前的压力状态，不能作为判定心理疾病的诊断。

二、从容应对压力

案例聚焦

小符学习成绩很好，是数学课代表。但他与同学关系不是很好，班上同学都不怎么愿意与他一起玩，每当看见其他同学在一起嬉笑打闹时，他心里特别不好受。最近，他经常失眠，上课老是想着怎样与同学相处的事情。

高中快毕业了，即将走进社会的李然，在激烈的就业形势下，凭自己职业高中的文凭，要与大学生、研究生去竞争，感觉压力非常大。他发现自己最近常常出现丢三落四的现象。

适度的压力是必要的，但如果压力增大到一定的程度，或长时间无法缓解压力时，会对学习、生活和身体健康造成负面影响。因此，我们必须学会调节压力，掌握缓解压力的方法，科学应对压力。

信息平台

据一项针对中学生中的调查结果显示，中学生遇到压力时常常会采取倾诉、运动、玩电脑、阅读等方式来缓解压力。在调查对象中，有39.3%的学生认为采用这些方法缓解压力是很有用，有51.2%的学生认为有一定作用。

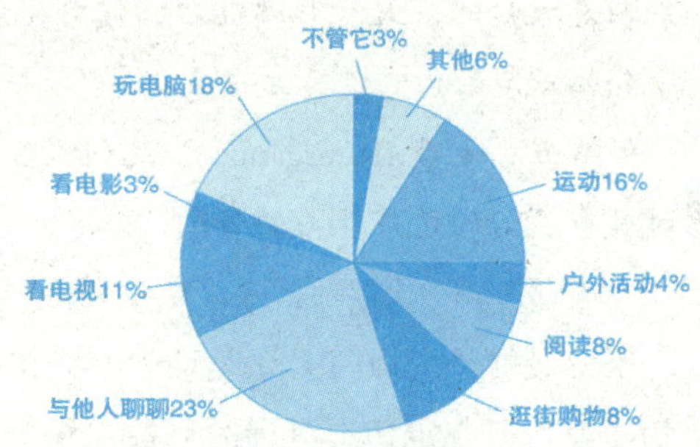

压力完全可以通过与他人聊天倾诉、运动等有效方法进行调节，这样能缓解、释放压力，使自己不被压力击垮。

专家在线

应对压力的5R策略

策略一：反思(Rethink)。改变自己对周围世界不合常理的观念。

1. 以积极的思维方式看待自己，认识事物；
2. 不要一味地责备、抱怨他人或环境；
3. 分析自己在压力面前的反应，明了自己对压力反应的优势和不足。

策略二：减压 (Reduce)。最大可能地减少生活中压力的总体数量。

1. 根据个人的能力和现实，修正以往行为，制订切实可行的计划；

2. 主动向家人、朋友寻求帮助。

策略三：放松 (Relax)：采用放松技巧，平和内心。

1. 深呼吸：美国医学专家认为，深呼吸是一种最简单但也是最有效的放松方法。深呼吸可以给血液带来更多的氧气，可以伸展一下筋骨，而且可以随时随地进行。找一个舒适的位置，保持舒适的姿势，专注地做深呼吸。

2. 散步：心理学家研究证明，散步可以产生明显的消除紧张的效果。当你放慢平时紧张的脚步时，你会突然发现原来周围的景色如此美丽，心情会随之平静下来。

3. 听音乐：音乐是最好的心理医生。在疲劳和烦闷时，听听音乐，有消除疲劳和紧张、减轻心理压力的效果。

策略四：释放 (Release)。采用积极的方式，消除和降低生活中压力和紧张所导致的副作用。

1. 哭。哭能有效缓解压力，让情感抒发出来要比深深埋在心里有益得多。

2. 倾诉。找父母、朋友、师长聊聊天，说说那些失落、烦恼和压抑的事情，也许他们不能解决任何问题，但你说完后，会感觉心里轻松多了。

3. 体育运动。当你在激烈的奔跑中，或者在水中畅游，或者挥拍激战时，肌肉是紧张的，神经却是放松的，大汗淋漓过后，你会得到彻底的放松。

4. 幽默。

策略五：重建 (Reorganize)。通过改变生活方式，构建完全健康的心理，从而达到面对压力时具有良好的适应能力的目的。

压力最终是变成阻力还是动力，完全取决于你如何去驾驭它。以积极的思维方式去认识事物，为自己制定切实可行的目标，积极寻找能给予自己支持的资源，找出适合自己的放松技巧和释放压力的方式，养成良好的生活习惯，你一定能从容应对压力，把压力转化为积极的动力。

活动天地

针对自己的实际情况，填写下表，并写一份关于如何应对压力的报告。包括压力的主要来源、给自己带来了哪些影响、如何应对、需要哪些帮助等。

压力来源	对自己的影响	应对策略	需要的帮助

在压力中成长

语文课上，魏老师收拾起和蔼的笑容；英语课上，Mr Zhao虽幽默，但口语说得飞快；连唯一的女老师在她的物理课上也忘记了温柔，猛给我们布置作业。我理解他们，这是初三。

老师讲课和同学回答的精彩迭出让我意识到自己的浅薄与落后，就连自己的强项也因紧张和畏惧变成了弱项。

几天下来，我筋疲力尽，感觉好像喝了一杯冷水，从里到外都极不舒服，更加深了我的自卑。“你忘了自己的信念了吗？”镜中人和我面对面，“要坚信自己是一个不同凡响的存在。”对呀！我的信念，我的座右铭，怎么到关键时刻都忘了呢？

花了一个晚上，我整理好了情绪。

当起床铃响起时，我睁开眼的第一件事就是笑——以微笑面对初三，面对压力。当我翻开作业本和试卷，虽然有刺眼的分数，但我总能看到自己的进步；当我听着课堂上一次次精彩的回答，总能从中汲取到养分；当我惊叹Mr Zhao口吐莲花，在跃跃欲试中我渐渐能全听懂了。还有，那次，当我在班级长跑比赛中拿了倒数第一时，我也笑了，因为我已尽了全力了。

悲观的人看见的是玫瑰的刺，而乐观的人看见的是玫瑰的花。我的初三宣言就是：在压力中茁壮成长！

第4节 学会心理按摩

一、心理也会“决堤”

案例聚焦

进入中学以来，杨娟过得不快乐。因为长得胖而且不漂亮，她担心被班上同学取笑。她恐惧进入教室，只要她进入教室时有人在说笑，或走在路上时背后传来声音，她就觉得是在讥讽她。因此，她十分苦恼，多次不愿意再上学。班主任多次找她谈心，没有效果；家长要带她去看心理医生，遭到她的激烈反对。

由于心理活动状态的不稳定、认知结构的不完备、生理成熟与心理成熟的不同步、独立性与依赖性并存等因素，容易使青少年产生焦虑，出现心理方面的偏差和问题。

信息平台

中学生的心理问题主要表现：

一是学习压力大。由学业考试带来的心理压力较大。

二是偏执。总觉得大多数人不可信任，自以为是。

三是敌对。经常与人抬杠，产生矛盾。

四是人际关系敏感。与人相处时，总感到别人对自己不友善，不喜欢自己。

五是抑郁。精神苦闷、情绪低落，对学业、前途、未来失去希望。

六是焦虑。心里烦躁，总觉着会发生什么事。

七是自我强迫现象，明知没必要做还要做。

八是适应不良。对学校的生活不适应：不习惯教师的教学方式，不喜欢学校的各项活动。

九是情绪不稳定。

十是心理不平衡。对他人比自己强或获得了高于自己的荣誉而感到不平。

偶尔出现心理方面的偏差或问题，我们不必惊慌，只要能够及时调节和化解，不会对我们的健康造成影响。但是，如果没有得到及时疏通和化解，就有可能导致心理障碍。暂时性的心理障碍若得不到及时排除，便会产生不良的反应，甚至可能引发心理疾病。因此，我们要学会心理“按摩”，预防心理决堤。

二、直面心理障碍

信息平台

目前，青少年的心理健康形势不容客观。据有关权威部门的心理调查发现，初中有23.6%、高中有28.8%的学生表现出情绪和行为的紊乱。相当一部分人有不同程度的孤独、抑郁、偏执、焦虑、恐惧、冷漠、胆怯等心理障碍，5%的学生厌学、辍学。由于心理失常，离家出走者有之，违法犯罪者有之，甚至还有行凶杀人或轻生自杀者。青少年的心理问题应该引起社会的足够重视。

事实证明，一些心理障碍和心理疾病正在危害着青少年的健康成长，青少年的心理健康问题已不容忽视！我们应该了解有关心理健康方面的知识，避免出现心理障碍和疾病。已经出现心理偏差的同学，应该学会心理调适，跨越心理障碍。

心理障碍是指人们由于生活所累、遭遇不良刺激或其他原因引起的大脑功能紊乱，临床上表现为言语、思维、情感、意志、行为等心理活动异常。

案例聚焦

由于父母的期望过高，杜鹃心理压力很大，造成应试恐惧。中考前和中考时无法抑制自己的紧张情绪，出现心悸、胸闷头晕，有时伴有腹泻、痛经，记忆再现困难，脑中一片空白，考试下来的成绩可想而知。

这是典型的学习心理障碍。一些学生因承受不了学习压力，出现抵触情绪，产生自卑、焦虑、冷漠或恐惧心理，从而导致烦躁、抑郁、好发怒，不想学习，疏远他人，害怕考试等。

专家在线

调节学习方面的心理障碍，要注意以下几个方面：

1. 有效提高学习能力，掌握学习方法。学习成绩优秀或不断进步，就激发学习兴趣。

2. 端正学习态度。明白学习是为了自己今后的发展，不只是为了考试。

3. 不要盲目攀比。人总是会有差距的，只看到比别人差的一面，就会给自己太大的压力。只要努力了，发挥了自己的水平，就无怨无悔。要想到，“三十六行，行行出状元”。即使学习成绩不理想，自己可能在其他方面有优势，坚信“天生我才必有用！”

4. 不断激励自己。只要自己在某一方面取得进步，就为自己记功。

对考试焦虑的认知调整

易产生焦虑的认知	调整后的认知
考试成功是人生最重要的事情	考试不是人生最重要的事情
考试失败说明自己无能	失败是成功之母
考不好丢面子	不及格并不是绝路
觉得对不起父母的期望	读书是自己的事，只要尽力就可以
别人成绩好，我受不了	同学成绩比我好，我为他高兴

不知从什么时候开始，我总想和异性接近，对他们的一言一行非常关注，内心有强烈的情感冲动。有一天，在篮球场上我看到隔壁班一个男生潇洒的动作，开始暗自喜欢上他。我整日心神不宁，上课无心听讲，总想给他写信，幻想和他在一起的情景。渐渐地，我不想和别的同学玩了，唯恐别人把我心灵的秘密“偷”去，同学们用不理解的眼神探询我，我整日深感压抑、苦闷，备受心理的煎熬。

这是青春期性认识障碍的表现。中学生由于性机能成熟，导致性意识苏醒，对异性有好感、爱慕之心，以及有追求异性的要求。但中学生还不善于正确认识和处理两性之间的关系，如果不能合理引导，就容易产生性认识障碍。如与异性交往不适应，在异性面前过分拘谨、局促不安、手足无措，沉溺于性幻想、冲动并渴望获得体验，陷入性道德误区。

避免青春期性认识方面的障碍，应该注意以下几个方面：

首先，应该认识到，青春期的学生对性比较敏感和关注是正常的，对性的需求也是正常的生理需要，违反自然规律去办事自然会造成内心的冲突和不安。

其次，要走出去，走出自己的小圈子，加入“集体”的行列，与大家交朋友，避免早恋，这样就能够很好地预防困惑的产生。

再次，要从正确的渠道学习性知识。如上好生理卫生课，阅读正规的性知识读本，通过请教家长、老师、医生等来了解性知识，正确认识性别的差异，与异性正常交往，不要胡思乱想、胡作非为。

最后，要积极预防性心理障碍。如果自己在这一方面出现一些端倪，就应该注意多转移并分散注意力，减少烦恼。

案例聚焦

因为父母外出打工，魏某多年来一直寄住在外祖父家。她性格内向，见人腼腆，遇生人或长辈更是局促不安，如遇男性，会手足无措，面红心悸，交谈时甚至会口吃。她在同学中没有知心好友，上课时也经常出现心烦意乱、失眠、发呆的情况。为此她多次要求中止学业。

我们是社会中的人，需要与他人打交道。但有些同学不善于人际交往，在人际交往方面存在困惑，如果得不到疏解，就会产生人际关系和社会适应方面的障碍。他们往往不合群，不愿与人接触，对人心存厌烦、鄙视或戒备心理，通常表现为两个极端：或拘谨畏惧、自卑自闭，或妄自尊大、目中无人。

随着自己的成长，我们生活的圈子会逐步扩展，如果无法融入新的人际关系中，会对自己的成长和发展极为不利。因此，我们要大胆锻炼自己的交际能力，多参加集体活动，多与人接触，避免出现人际交往方面的障碍。

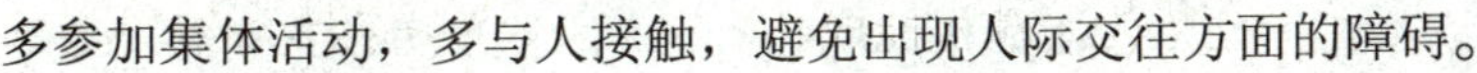

案例聚焦

王莹是一个有缺陷的女孩。懂事之后，她时常为自己的残疾而感到自卑和痛苦，从来不主动与人交往，不敢主动开口跟别人说话，更怕到人多的地方。她常常独自垂泪，悲叹自怜。

一堂作文课上，老师布置的作文题目是“我的心愿”。也许是这个题目触及了王莹压抑已久的情绪，她写得很真切，最后，她如此写道：“如果命运之神，能够赐给我一副完整的躯体，哪怕只有一天，我也会毫不犹豫地选择用生命来交换！”

老师竟然给了她这篇作文满分。只是最后一段，被王老师用红笔重重地画掉了。旁边写着：“每一个生命都是美丽的，你也一样。”她的作文被当作范文，并由她亲自诵读。尽管她的

声音仍不清晰，但是当她读完最后一句时，课堂上响起了雷鸣般的掌声。

从那一天起，她变了，脸上充满了自信的微笑。

这是典型的因生理缺陷引发的自卑心理。自卑的人往往过多地否定自我，从而产生自惭形秽的情绪。自卑感人人都有，只是程度不同，持续的时间有长有短。如果自卑感强，又得不到及时缓解，可能影响到学习、工作和人际交往，发展成为自卑的心理障碍或心理疾病。

由于身体缺陷或其他原因引起的自卑，可能摧毁一个人，使人放弃追求幸福生活的勇气。另一方面，它也能使人发奋图强，完善自己。历史上许多杰出人物、伟人在与命运抗争的过程中，都曾或多或少地产生过自卑心理，但最终都走出了自卑的阴影，取得了令人刮目相看的成就。

自信加油站

积极自我暗示，克服自卑心理：

◆我是真正具有才干的人；

◆我每天努力的目标是要成为一名成功人士；

◆我相信我会进步、幸福、成功；

◆ 我是积极的行动者；

◆ 我要把全力集中到学习上；

◆ 我的外表不错；

自信体操

◆充分发挥自己的优势和长处；

◆ 做任何事前要做好充分的准备；

◆ 勇于面对各种事物，放弃逃避的念头；

◆ 善于从自己的错误和失败中吸取教训；

◆ 遵守自己订下的约束。不论遇到什么样的阻碍，都务必认真遵守。

信息平台

为了避免出现心理障碍，我们在学校可以这样做：

1. 参加形式多样、生动活泼的心理健康教育。积极参加学校开设的健康教育课或讲座；利用广播、电视、录像、黑板报等宣传工具，针对自己的心理特点，多角度、多场合接受心理健康教育。

2. 主动进行心理咨询。有些学校设立心理咨询室、心理咨询热线电话、心理咨询信箱，建立了学生心理健康档案，如果有心理健康问题，可以进行心理咨询。

3. 通过各学科学习，汲取心理健康营养。许多课程都包含着丰富多彩的心理健康教育内容，通过学习，可以对自己产生积极的影响。

总之，我们要正确认识自己的心理健康状态，预防心理障碍的产生，对出现的心理偏差要采取积极有效的方法予以解决。为了提高心理承受能力，我们应积极培养自信乐观、自强不息等良好心理品质，为自己的健康成长开创一片晴空。

第5节 化解生命危机

生活中最大的悲剧，不是暂时的失败，也不是暂时的贫困，而是极少数的人，他们身陷困境时，决然地选择死亡来逃避。

一、自杀——一个沉重的话题

花开花落，生老病死，这是正常的自然现象。每一个人都会经历孕育、出生、成长，再进入衰老期，最后死去，这是任何一个人都无法逃避的自然规律。

我们常为一个新生命的诞生而高兴，也常为一个生命的离去而惋惜和悲伤。死亡意味着生命永远逝去，所以人的生命才显得格外珍贵，活着才显得格外有意义。我们不能轻易放弃自己宝贵的生命。

因为每一个人都不可避免地要面对死亡，所以，人类有关死亡的可歌可泣的故事从来就没有停止过。文天祥说："人生自古谁无死，留取丹心照汗青。"臧克家说："有的人活着，他已经死了；有的人死了，他还活着。"那些舍生取义、为人类共同利益而死的人，向我们展示了生命的积极价值取向。

据世界卫生组织统计估算，全世界每年约有100万人自杀，而自杀未遂者至少是自杀者的10倍。

据我国统计数据显示，我国每年自杀人口高达28万，约200万人自杀未遂。也就是说每两分钟就有1人死于自杀，8人自杀未遂。自杀成为我国人口死亡的第5位死因，也是15～34岁年龄段人群的首位死因。

一幕幕令人心痛的悲剧，一组组令人心悸的数据，引发了一个沉重的话题——自杀。作为公共卫生重要的问题之一，自杀越来越多地受到人们的关注。

据世界卫生组织的估计，一个人的自杀至少会使6～8个家人或朋友的生活深受影响，根据这一推算，中国每年有150万人承受着自杀事件带来的严重心理创伤。根据世界卫生组织的统计，在每年疾病给中国造成的经济负担中，自杀带来的经济负担占五分之一，占第一位。在世界范围内，每年与自杀和自毁行为相关的经济损失高达数十亿美元。

自杀行为不仅仅是一种个人行为，不仅仅是一个人自己结束生命这么简单，它还会给亲朋好友等人群带来巨大伤害，给国家和社会带来重大的经济负担，而且这种颓靡消沉的生活态度，若蔓延下去，必会贬低生命的价值，对社会造成极大的负面影响。

案例聚焦

高中学生荧荧，自尊心很强，学习成绩一直不错，因一次物理考试成绩亮“红灯”，被母亲在电话中责备几句后，竟从5楼教室窗户跳下去，走上了不归路。

九年级学生陶某，因为受不了几名同学的欺凌，选择用服毒的方式，结束了自己年仅15岁的生命。

花季少女小红，因为父母离异，开始厌恶现实生活，慢慢迷上了网络虚拟世界，接触到名叫“死亡游戏”的网络游戏，并在游戏时认识了一些“朋友”。她相信虚拟的网络世界营造了一个生死可以来回转换，人死后可以实现时间穿越的神话，在留下一封近5000字的遗书后相约网友赴珠海集体自杀。

中学生正处于青春花季，正是身体强健、求学就业的好时机。是什么原因导致悲剧一再重演，令这些如花的生命凋零飘落？难道生命的价值比不上一句批评，抵不过一场磨难吗？

成长的困惑、学习和就业压力、情感挫折、心理障碍、生理疾患、家庭变故以及社会媒体的影响等诸多因素，是青少年选择自我毁灭的直接原因。在这些自杀原因当中，除了生活变故、生理疾患等客观因素外，起决定性因素的还是青少年自身的主观因素，比如：心理承受能力差、不良情绪、性格障碍、缺乏责任感，有时甚至只是一时的冲动，为赌一口气而已。

生命是最宝贵的，任何困难、伤害、痛苦都不能与失去生命相提并论。残害、放弃生命的行为，是对生命的亵渎，意味着放弃做人的权利。因此，在任何情况之下，无论什么原因，无论什么理由，我们都没有终止生命、毁灭生命的权利。

阅读空间

自杀是自私的行为。自杀者只考虑自我，认为死后任何不快的事情也跟着结束，但他们忽略家人朋友会为此承受着他遗留下来的撕心裂肺的痛苦，甚至遗憾一辈子；忘记了社会的进步与发展正需要他们的参与。

自杀是懦夫的行为。自杀者有勇气结束自己的生命，却没有勇气面对困难，丧失了生活下去的勇气，成了生活的逃兵、不战而降的懦夫。

自杀是十分愚蠢的行为。自杀者不是被自己杀死，而是被他们所烦恼的事所杀。因为一次考试失误、几句批评、无人关心等理由感到绝望，一时想不开而要放弃唯一一次生命的机会，这种行为是十分愚蠢的，也是十分不值的。

大部分曾经想过要自杀的人现在都很高兴他们还活着。他们说当时他们并不想要结束自己的生命，他们只是想终止自己的痛苦。可见，一些企图自杀的人对死亡的概念比较模糊，对自杀的后果没有充分估计。

世界预防自杀日

为引起各国对自杀问题的重视，增强大家预防自杀的责任感，2003 年，世界卫生组织和国际自杀预防协会共同确定 9 月 10 日为世界预防自杀日。每年世界预防自杀日都有主题。

2003 年：自杀一个都太多

2004 年：拯救生命，重建希望

2005 年：梳理晚年情绪，快乐老年生活

2006 年：增进理解，重筑希望

2007 年：终身预防自杀

2008 年：全球化思维、全国性计划、地方化行动

2009 年：社会文化因素与预防自杀

2010 年：无论是谁，无论在哪里：全球携手预防自杀

2011 年：多元文化社会之自杀预防

2012 年——全球预防自杀：加强保护因素，唤醒生存希望

2013 年——歧视：自杀预防工作的绊脚石

2014 年：防止自杀，联系全世界

2015 年：伸出援手，挽救生命

2016 年：联结、交流与关注

二、永不放弃生的希望

案例聚焦

吴甘霖先生在大学毕业后，原本豪情万丈，希望自己的才华得到承认，却连展示才华的机会都没有。他屡屡发现社会的阴暗面和生活的不顺心，整个心灵逐渐陷入了绝境，并想要以死解脱。他跨上了高高的栏杆，可就在生死瞬间，心中有一个声音以前所未有的力度，十分决绝地说："不，我还没有看清生活的真相！我不能这样屈服！"就在即将松手的那一瞬，他止住了往下一跳的冲动。

几十年过去了，对生命的信念支撑着吴甘霖先生度过了一个又一个比当初严重得多的挫折与困难，而这些挫折与困难也帮助他成就为海内外著名的成功学家、思维学家。

当你遇到困难，觉得难以突破时，坚持到底，永不放弃！当你感到前途渺茫，想要放弃生命的时候，坚持到底，永不放弃！生命是顽强的，只要你坚守生的信念，永不放弃生的希望，必将创造生命的奇迹。

在山崩地裂的大地震的灾难中，不幸的人们被埋在废墟下。没有食物，没有水，没有亮光，连空气也那么少。一天，两天，三天……还有希望生存吗？有的人丧失了信心，他们很快虚弱下去，不幸地死去。而有些人却不放弃生的希望，坚信外面的人们一定会找到自己，救自己出去。他们坚持着，哪怕是在最后一刻……结果，他们创造了生命的奇迹，他们从死神的手中赢得了胜利。

花谢了还有再开的时候，太阳落了还有再升起的时候，人的信念崩溃了，还有再重筑的时候。但生命属于我们只有一次，一旦放弃，就永远没有了拥有它的机会。因此，我们无论身处何种困境，即使身陷绝境，哪怕只有一丝希望，我们必须坚定一个信念：珍爱生命，永不放弃！

在我们的生活中，有许多东西可以放弃，但对生命的信念不能放弃。心中有玫瑰，处处是花园。如果我们在心底筑起了对生命的信念，任何挫折与痛苦都击不垮我们，相反，挫折与痛苦还会变成我们的宝贵财富。

三、寻求援助

案例聚焦

曾经在高中被诊断为抑郁症的小麟在大一入学的军训中，鬼使神差般地拿了同学的一个MP3，从此陷入了极度自责中，痛苦绝望，无法上学，无数次产生轻生的念头。焦虑的家长向市心理危机干预中心进行求助。

中心派出了医生主动上门咨询，在许多次艰难的碰撞后，小麟开始吐露自己的想法：“我偷偷在河边徘徊，因为害怕，感到父母和关爱自己的人会伤心，最终没有跨出那一步；也曾想从23层跳下去，结束自己罪恶的一生……”

“真正的小偷不会有这样强的负罪感”，“你能考上大学说明你不是一无是处……”一次次的心理分析和减压，小麟终于从死亡的念头中渐渐走出来，逐渐对生活充满了信心，感觉到生活的美好。小麟返回了学校正常学习，周末还经常与心理医生进行短信交流。

当生命处在危机当中，你想选择逃避，甚至脑海中出现想要结束自己生命的念头时，如果能及时向他人、专业机构、心理热线等寻求援助，也许那一瞬间就将成为你生命的转机，让你重新获得生的希望，继续享受生命的阳光！

心理危机，可以指心理状态的严重失调，心理矛盾激烈冲突难以解决，也可以指精神面临崩溃或精神失常，还可以指发生心理障碍。心理危机对每一个人都在所难免，重要的是，当我们一旦遇到此类情况，应主动向他人、向心理专家求得帮助，积极配合心理危机干预部门的措施，以尽快度过心理危机。

信息平台

1960年，在美国洛杉矶出现了第一条生命热线，这也是世界上最早的自杀求助热线。到60年代后期，很多东欧国家也相继出现了这种生命热线。目前，几乎所有的发达国家都有“危机干预”网络，一般由警方、消防队、急救中心、精神病院、社区组织等组成。一旦遇到自杀事件，这些人将采取统一的行动，最大程度挽救生命。

相对于国外的危机干预网络的出现，我国晚了许多年。1983年，我国第一批心理咨询师出现。20世纪90年代后期，各大中城市先后成立了心理危机干预中心。

向心理热线寻求救助。热线咨询是危机干预的方式之一。一些危机干预中心、电台、网络、学校设有专门的心理热线，这是我们求助的重要途径。电话咨询具有匿名和快捷的特点，可以使咨询者无所顾忌地畅所欲言，通过心理咨询师的客观分析和耐心劝导，有效地释放压力，解除危机。

阅读空间

有一种方式，是我们坐在电话线的这端，聆听；

有一种表达，是你坐在我们看不见的地方，倾诉。

在这个世界上，有多少故事需要人来分担，有多少人因缺乏一个忠实的听众而愁苦。

今天，我愿坐在你的“左岸”，做你最亲切的朋友，最“陌生”的知己。如果你有什么困惑、经历、心情无人倾诉，那么打电话给我们，你的事需要人来分担，一切有我倾听，我们将真诚为你守候！

我们的宗旨：帮助所有需要帮助的朋友，倾听所有无人能诉的故事。

到心理咨询门诊进行咨询，接受心理和药物治疗。有自杀倾向或有严重的心理疾病时，可以到危机干预中心的心理咨询门诊或保健部门进行心理咨询，直接向心理学家、社会医学家咨询，以减轻心理上的压抑，打消自杀念头，避免发生自杀。

专家在线

一般而言，自杀者在自杀前处于想死同时渴望被救助的矛盾心态时，其行为与态度变化常见的征兆有：

1. 对关系亲近的人表达想死的念头，或在日记、信函中流露出来。
2. 情绪明显不同于往常，焦躁不安、常常哭泣、行为怪异粗鲁。
3. 陷入抑郁状态，食欲不振、沉默少语、失眠。
4. 回避与他人接触，不愿见人。
5. 性格行为突然改变，像变了一个人似的。
6. 无缘无故收拾东西，向人道谢、告别、归还所借物品等。

消防队员解救自杀者

向他人寻求帮助。有自杀念头的人应尝试向周围的人寻求帮助。与家人或朋友，哪怕是陌生人交谈，诉说自己的感受，可以带来巨大的解脱，通过排解压力防止心理崩溃。

化解生命危机，最关键的还在于自己能正确处理心理危机，在出现生命危机时，要控制最初的冲动，反复权衡再做反应，才能产生向他人求助的意念，才会有被他人救助的机会，才能使自己摆脱困境，重新燃起对生活的信心和热情。当今，有专家认为“能正确处理心理危机”是健康的新标志之一。

活动天地

1. 组织一次“面对面”活动：邀请自己的父母、老师一起来聊聊“我生命中的风雨彩虹”。最后，让大家在事先准备的留言板上，写下自己最想说的一句感悟生命的话。

2. 针对自己的实际情况，写一份压力报告，包括压力来源、对自己的影响、应对策略、需要的帮助。

压力来源	对自己的影响	应对策略	需要的帮助

毒品预防教育篇

第 1 节 火眼金睛识毒品

毒品，就像幽灵，它荡过乡村，掠过城市，到处飞舞着罪恶的魔爪，留下了数不清的累累罪行。它的肆虐威胁社会稳定，影响经济发展和社会进步，危害人民群众特别是广大青少年的身心健康。

如果把毒品比作猛虎，那么它最容易下手的就是青少年；如果把毒品比作瘟疫，那么最容易感染的也是青少年。青少年是祖国的未来，民族的希望，让我们积极行动起来，全面增强识毒、防毒、拒毒意识，积极参加禁毒这场人民战争，为了自己的身心健康，为了家人的和睦幸福，为了社会的安定和谐，让我们做到珍爱生命，拒绝毒品！

一、什么是毒品

为了有效防范毒品的侵害，让我们睁开“火眼金睛”，从认识毒品开始，揭开毒品诡异的面纱。

依照《中华人民共和国刑法》第 357 条规定：毒品是指鸦片、海洛因、甲基苯丙胺（冰毒）、吗啡、大麻、可卡因以及国务院规定管制的其他能够使人形成瘾癖的麻醉药品与精神药品。毒品的一个重要特征就是一旦吸毒，就很难戒除，能够使人形成瘾癖，具有依赖性，断药后产生戒断症状（即毒瘾发作）。

吸毒者在使用毒品后的短时间内可以产生兴奋、松弛、镇静、快感等强烈刺激，飘飘然，产生幻觉，似乎到了极乐世界。这是吸毒者无法抵抗的诱惑，并因此造成吸毒者精神上及身体上对毒品无法摆脱的依赖。如果停用，就会出现戒断症状，如：流涕流汗、恶心呕吐、腹痛腹泻、体内奇痒难忍等症状，产生强烈的再次使用毒品的欲望，这就叫心理、精神依赖。

毒品具有以下共同特征：一是有一种不可抗拒的力量强制性地使吸食者连续使用该药，并且不择手段地去获得它；二是连续使用，有加大剂量的趋势；三是对该药产生精神依赖性及躯体依赖性，断药后产生戒断症状；四是对个人、家庭、社会都会产生危害性后果。

毒品上瘾原因

第一是生理因素。人脑中本来就有一种类吗啡肽物质维持着人体的正常生理活动。吸毒者吸了海洛因、外来的类吗啡肽物质进入人体后，减少并抑制了自身类吗啡肽物质的分泌，最后达到靠外界的类吗啡肽物质来维持人体的生理活动，自身的类吗啡肽物质完全停止分泌。那么，一旦外界也停止了供应吗啡肽物质，则人的生理活动就出现了紊乱，出现医学上说的“反跳”或“戒断症状”，此时，只有再供给类吗啡肽物质，才可能解除这些戒断症状，这就是所谓的“上瘾”。

第二是社会因素。包括社会环境能否获得毒品，社会动荡不安对人的影响，社会文化背景决定哪些人易成为毒品的俘虏，社会法律对毒品的态度等等。

第三是个人的心理因素。研究结果倾向于认为在不同性格的人当中易冲动、对社会常规模式具有反抗性，以及对挫折忍受差这三类人，有着相对较高的危险度，即具有较高的滥用药物成瘾的易感性。 海洛因毒品具有舒适和欣快感的药理学特征。吸食海洛因毒品初始有一种强烈的欣快感，实践表明，多数成瘾者第一次吸毒后就有浑身困乏、非常难受的感觉，而渴望第二次吸毒，从而导致成瘾。因人已适应了药物，从而产生了生理和心理的依赖。因此说吸三次海洛因就会上瘾是有大量例证的，那些认为偶尔吸一下海洛因无所谓的看法是错误的，也是非常危险的。

总之，毒品成瘾问题，往往是心理因素与社会因素、生理因素与环境因素相互作用的结果。

二、毒品家族黑名单

毒品家族黑名单众多，五花八门。然而追本溯源，主要有天然毒品和人工合成毒品两种。天然毒品的母本元凶主要是罂粟、大麻和古柯树三种植物。

根据联合国的有关规定，受各种国际公约、条约管制的天然毒品和人工合成毒品多达400多种，现在还有一些不法之徒在不断尝试人工合成新的毒品，以后毒品的种类还可能更多。

毒品家族常见黑成员

根据我国食品药品监管总局、公安部、国家卫生计生委2013年11月11日公布的《麻醉药品品种目录（2013年版）》和《精神药品品种目录（2013年版）》，受国家管制的麻醉药品121种，精神药品81种。

毒品种类很多，范围很广，分类方法也不尽相同。

◆从毒品的来源看，可分为天然毒品、半合成毒品和合成毒品三大类。天然毒品是直接从毒品原植物中提取的毒品，如鸦片。半合成毒品是由天然毒品与化学物质合成而得，如海洛因。合成毒品是完全用有机合成的方法制造，如冰毒。

◆ 从毒品对人类中枢神经的作用看，可分为抑制剂、兴奋剂和致幻剂等。抑制剂能抑制中枢神经系统，具有镇静和放松作用，如鸦片类。兴奋剂能刺激中枢神经系统，使人兴奋，如苯丙胺类。致幻剂能使人产生幻觉，导致自我歪曲和思维分裂，如麦司卡林。

◆从毒品的自然属性看，可分为麻醉药品和精神药品。麻醉药品是指对中枢神经有麻醉作用，连续使用易产生生理依赖性的药品，如鸦片类。精神药品是指直接作用于中枢神经系统，使人兴奋或抑制，连续使用能产生依赖性的药品，如苯丙胺类。

◆从毒品流行的时间顺序看，可分为传统毒品和新型毒品。传统毒品一般指鸦片、海洛因等阿片类流行较早的毒品。新型毒品是相对传统毒品而言，主要指冰毒、摇头丸等人工化学合成的致幻剂、兴奋剂类毒品，在我国主要从上世纪末、21世纪初开始在歌舞娱乐场所中流行。

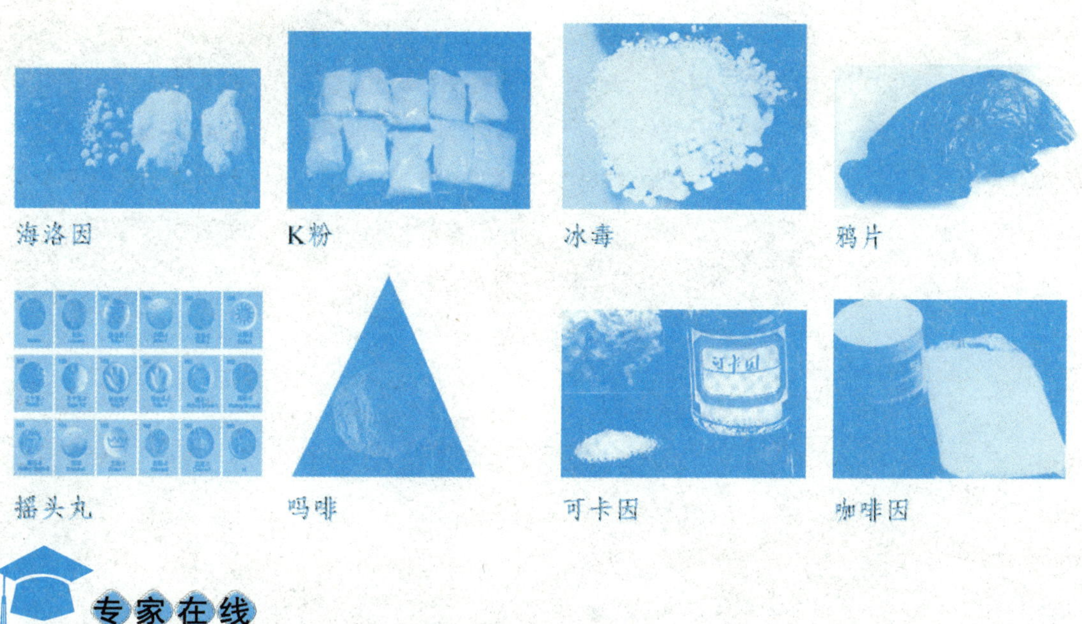

海洛因　K粉　冰毒　鸦片

摇头丸　吗啡　可卡因　咖啡因

专家在线

新型毒品会不会上瘾?

近年来，冰毒、K粉、摇头丸等新型毒品在娱乐场所逐渐泛滥，许多寻求刺激的青少年在不知不觉中走上吸毒的歧途。这些外观五颜六色、服用后带来强烈快感的新型毒品，还有一些好听且带有迷惑性质的名字——“舞会药”“俱乐部药”等。现在社会上还流传着一种说法：“新型毒品不会上瘾。”

那么，新型毒品究竟会不会成瘾呢？海口市禁毒支队周生忠副支队长说，新型毒品不会成瘾的说法肯定是错误的，而且错得很离谱。因为新型毒品同海洛因、鸦片等传统毒品相比，具有精神依赖性强，但生理依赖性较弱的特点，表现在滥用后容易上瘾，从尝试性使用很快发展到强迫性滥用阶段。因此，新型毒品属于滥用潜力最大和成瘾性最高的一类毒品。一些服用新型毒品的人在突然停止使用后没有显著的戒断症状，所以发出了诸如新型毒品成瘾性小或不上瘾的传言。周副支队长还用新型毒品中的冰毒做例子，他说：“因为冰毒的最大特点就是第一次使用即上瘾，因此它被人们称为‘毒品之王’。”

因为新型毒品对人体主要有兴奋、抑制或致幻的作用，所以冰毒、摇头丸等新型毒品吸食者一般在吸食后会出现幻觉、极度兴奋、抑郁等精神症状，从而导致行为失控，造成暴力犯罪，过量服用还会中毒死亡。

第2节　吸毒祸害无穷

“官吏吸食我，就会贪污腐败，贪赃枉法；军人吸食我，就会精神不振，毫无战斗力；男人吸食我，就会变得毫无责任心；女人吸食我，原本的美丽会消失得无影无踪；更可怕的是，孩子只要沾上一点，便会把光明的前程白白地葬送在我的手中。”

——这就是毒品，一个四处游荡的幽灵。

毒品祸害无穷，毒品是万恶之源。吸毒在毁灭吸毒者自己，在祸及吸毒者的家庭，在危害我们整个社会。

一、吸毒毁灭自己

吸毒是一种自我毁灭。一旦吸毒成瘾，就会失去正常的心理与生理机能。身体受到严重损害、意志被摧毁，生命随时可能发生危险。

首先，吸毒使人百病丛生。不同的毒品摄入体内，都有各自的毒副反应及产生戒断症状，对健康造成直接而严重的损害，甚至吸毒过量会导致死亡。此外，由于毒品对消化系统、呼吸系统、心血管系统、免疫系统的影响，滥用毒品可导致多种并发症的发生。

吸毒可以引起的呼吸道疾病：肺颗粒性病变、肺纤维化、肺梗死、肺气肿、慢性支气管炎、肺炎、肺脓肿、肺结核等。吸毒刺激消化系统，比如常引起胃肠蠕动减慢进而引起便秘。肝炎也在吸毒者中广泛流行。很多毒品可以对心血管系统产生直接毒性。长期吸毒会引起智力减退和个性改变，海洛因过量引起的呼吸抑制会进一步造成大脑缺氧。吸毒往往会使人的免疫系统受到全面的破坏，导致许多疾病产生。

其次，吸毒导致精神崩溃。吸毒者一个致命的问题在精神方面。长期吸毒令不少人变得十分自私自利，不知羞耻，不讲礼仪，而且意志消沉，性格怪僻，谎话连篇，导致人格的改变。

吸毒者出现长期失眠、烦躁、易怒和颓废症状，他们和未吸毒前判若两人。

案例聚焦

一个居民小区里，突然有人从楼上阳台摔了下来。当人们前去营救时，发现为时已晚，只见该男子血肉模糊，而让人奇怪的是该男子左手被砍断了。后来经过调查才知道，原来是一位在家里戒毒的瘾君子，由于毒瘾发作，无法忍受，乘家人不在时，自断铐在铁床上的左手，想外出寻找毒品，之所以跳楼，是因为他发生错觉，自认为这样能够更快找到毒品。

毒品，尤其是海洛因这类毒品，对中枢神经系统和周围神经有直接的毒性作用和恶性刺激。常吸可导致神经组织不可逆转的病理性改变。临床表现为初期时类似神经衰弱，如记忆力下降、智力受损、失眠、焦虑，严重者出现类似重症精神病一样的幻觉，如凭空听见别人讲话、流水声、鸣笛声等，或出现妄想，如无故嫉妒配偶有外遇或认为别人要迫害他。人格改变更是多见，吸毒者会变得冷漠、残忍、过于冲动等等。

当吸毒者情绪偏激，出现幻觉、妄想后更可造成极度偏激的行为，甚至可导致精神的崩溃。在这种情况下吸毒者可能对家人采取暴虐的行为，也可能自伤自残。

吸毒者本来在20层楼上，他却错误地判断自己在平地上，于是，他本想“走”到街上，却从20层楼跳了下来。迎面而来的汽车离自己已经很近了，吸毒者却错误地判断车离他还很远，于是，他迎着车走过去……毒品可影响吸毒者的精神活动，使吸毒者出现认知功能障碍、注意力下降和操作能力下降。

再次，吸毒导致大量死亡。有资料表明吸毒者的平均寿命较一般人群短10～15年。25%的吸毒成瘾者会在开始吸毒后10～20年后死亡。年轻时染上毒瘾的人，一般寿命不会超过40岁。吸毒人群的死亡率较一般人群高15倍。

信息平台

吸毒导致死亡主要有以下情形：

一是吸毒过量死亡。

二是吸毒者难以忍受毒瘾或歧视等容易自杀。

三是吸毒者参与犯罪，死于非命的发生率高于一般人群。

四是吸毒者易死于各种吸毒导致的并发症。

五是吸毒者患病后不积极求治易发生死亡。

六是吸毒者常容易死于各种意外事件。

二、吸毒祸害家庭

吸毒不但毁灭自己，而且祸及家庭，是投向家庭的炸弹。吸毒导致大量的家庭悲剧，一旦家庭中出现一个吸毒者，就意味着贫困和矛盾围绕着这个家庭，最后的结局往往是倾家荡产，妻离子散，家破人亡。

首先，吸毒耗资巨大，往往导致吸毒者倾家荡产。一个人染上毒瘾后几乎不能中止使用，而且所用的量也越来越大，使吸毒者用于购买毒品的日消费额达几十元以至近千元之多。吸毒者的财产源源不断地落入毒贩之手，换来的毒品在烟雾中顷刻燃尽。许多吸毒者的产业、存款、现金、首饰均在其中一一消失。无怪乎人们叹息吸毒真是“锡纸半张，不见火光冲天，却烧尽了田地房产”。

案例聚焦

千万富豪老胡毕业于全国顶尖大学，20 多岁便拥有了两家公司，其中建材公司一年的经营业绩近 5000 万元，一年利润达到数百万元之巨。但是，老胡在朋友介绍下，开始吸食海洛因。平均每天吸食 4 克高纯度海洛因，一天吸掉近万元的毒品。久而久之，老胡不得不先后卖掉了两家公司，最后连自己的高档轿车卖掉了。

“14 年来因为吸毒，我吃过四次官司、卖掉两家公司、两次被劳动教养，现在人已经瘦得不成人形，儿子见面居然都认不出我来了。”曾经手中握有千万资产的老胡提起自己的吸毒史懊悔不已。

其次，吸毒者丧失对家庭的责任，往往导致妻离子散、家破人亡的结局。吸毒会给家庭成员带来严重的精神摧残，家中有一个吸毒的人，就会使家庭失去往日的宁静、和谐和幸福快乐。吸毒会导致家庭关系恶化，破坏与周围邻里的和睦关系，给家庭生活及家庭成员心理造成很大的影响。

信息平台

吸毒导致家庭危机

吸毒是导致分居、离婚率高的原因之一。吸毒会对家庭造成致命的打击。

首先表现为经济困难。

其次，吸毒行为影响吸毒者与家人的情感交流。

第三，导致家庭不和，影响夫妻关系。

第四，不少人的吸毒行为与家庭暴力有关。

吸毒者生活的唯一目标便是怎样寻觅毒品，对工作漠不关心，容易导致失业，赚钱谋生的能力也逐渐丧失。最后只得靠配偶、靠父母、靠借贷，甚至靠偷、扒、抢，或“以贩毒养吸”“以淫养吸”，走上犯罪的道路。很多吸毒者为满足毒瘾不惜遗弃老人、出卖子女，甚至胁迫妻女卖淫以获取毒资，直至妻离子散、家破人亡。

案例聚焦

3 岁的丢丢是民警从吸毒者手中解救出来的。据解救的警察回忆，解救丢丢的情景，真的是“触目惊心”，“当时那孩子流着泪身上一丝不挂，背靠着墙里角，双手被绑在背后，脑袋顶在墙上。全身体无完肤，面部从嘴唇到鼻子到眼皮甚至耳根，烫得没有一点好的皮肤”。这是谁的孩子？为什么会受到这样非人的虐待？后经证实丢丢没有爸爸，妈妈郭某只有22岁，卖淫、吸毒，因欠别人的毒品债，就把 3 岁的儿子丢丢作为抵押品。施虐者残忍地在一个 3 岁孩子身上发泄毒瘾。几天后，郭某被警方抓获，但在伤痕累累、生命垂危的儿子面前，却没有半点心痛和愧疚，她一滴眼泪也没掉，注视了孩子 3 分钟后掉头就走了。

南宁市一名妇女怀孕期间吸食毒品，胎儿在母体中受其害，一出世就呈现窒息、痉挛状态，此后，母亲哺乳前必须吸食毒品，婴儿才肯进食，否则哭闹不止，严重危及生命。

再次，吸毒对后代贻害无穷。孩子，有的孩子一出生就染上了毒瘾成为小小“瘾君子”，有的成为吸毒父母亲毒瘾发作时发泄的对象。生活在吸毒者家庭中的孩子缺少家庭关爱，常伴有不健康的心理，行为往往具有攻击性和反抗性。这样的孩子容易走上违法犯罪的道路。

三、吸毒危害整个社会

据联合国毒品与犯罪问题办公室发表的《2016年世界毒品报告》显示，2014年全球受吸毒困扰的人群已攀升至2900万人，当年因毒致死人数约为20.7万人，因此而丧失劳动能力的人每年约有1000万。在被定罪的罪犯当中，有18%的人因毒品而成为“阶下囚”。

据《2016年中国毒品形势报告》显示，截至2016年年底，全国现有吸毒人员250.5万人，18岁到59岁246.7万名，占98.4%。一般一个吸毒人员一天耗资在100～1000元不等。就以250万人计算，若每人每天消耗的毒品为100元，则他们每天就要消耗2.5亿多元。

> 滥用毒品与以前若干世纪瘟疫在世界许多地区恶性泛滥一样，对人类的现在和未来存在同样的威胁，若不加以制止，其后果比瘟疫的祸害更为严重和可怕。
>
> ——联合国前秘书长德奎利亚尔

吸毒造成巨大的财富浪费，全球毒品每年交易额高达5000亿美元，占世界贸易总额的8%以上。世界各国用于开展缉毒、禁毒、戒毒的开销也是相当惊人，如我国从2005—2010年开展5年禁毒人民战争。据了解，这场禁毒人民战争的“军费”耗资巨大，中央财政和地方财政各投入了禁毒资金10亿元之多。

可见，吸毒远远不只是损害某个人的健康和破坏某个家庭的幸福，更是危害着整个社会，影响着全民族的素质，关系着国家和民族的命运与前途。

首先，吸毒导致吸毒者身患疾病，使社会缺乏健康的劳动力，从而影响社会生产。数据显示，我国登记在册的吸毒人员中，18岁到59岁的占到98. 4%。

其次，吸毒耗资巨大，造成社会财富的巨大损失和浪费。一方面吸毒人员吸毒的直接耗资巨大；另一方面，吸毒者丧失工作能力、失去了正常生活，对吸毒者各种医疗费用，缉毒、禁毒、戒毒力量的投入，药物滥用防治工作的开展，这些都给社会经济带来严重的损失。

再次，毒品活动加剧诱发了各种违法犯罪活动，扰乱了社会治安，给社会安定带来巨大威胁。

“吸毒与犯罪是一对孪生兄弟。”据统计，在长沙市曾经打击处理的36316名违法犯罪

人员中，涉毒人员多达6174名，占到了打击处理总数的17%。特别是盗窃、抢劫等侵财型案件的作案人员，20%以上是涉毒人员。

据调查发现，吸毒者中有70%左右有过各种形式的违法犯罪，包括诈骗、盗窃、抢劫、卖淫等，而参与诈骗、盗窃、抢劫、卖淫等一般犯罪活动的人中，也有约70%是吸毒者。另据南方某地资料显示，在吸毒人员中，90%的女性有卖淫行为，男性70%以上有坑、蒙、拐、骗、抢等犯罪行为。女性从事色情业赚取金钱以支付吸毒的费用，男性则为了吸毒不择手段进行刑事犯罪。

美国政府调查表明吸毒者用于购买海洛因的钱款中20%是抢劫获得的，45%来源于贩毒，17%来自卖淫，12%来自盗窃，即总计约94%的毒资来自刑事犯罪活动。

此外，青少年易成毒品泛滥的最大受害群体。青少年处在身心发育、成长阶段，思想较幼稚，好奇心强，对毒品危害认识不足，抵御毒品的能力较差，尤其是一些青少年的逆反心理——越是危险的事，越是家长、老师谆谆嘱咐不可以做的事，他越想去试试！这样就给了毒贩子可乘之机，致使青少年吸毒现象迅速蔓延。

如今，吸毒成为社会痼疾，在全世界蔓延，人类社会因此背上了沉重的社会包袱。如何拒毒禁毒，也成为摆在我们面前的重要问题。

第3节　拒毒有方

面对来势汹涌的毒害毒潮，我们广大青少年一定要树立“珍爱生命，拒绝毒品”的思想意识，学会远离毒品，拒绝毒品。

一、毒品离我们并不远

案例聚焦

15岁的男孩小赵从小爱玩好动，学习成绩不错。他的最爱是打游戏机，在游戏厅里认识了一群“哥们”。一次，他见“哥们”掏出一种白色粉末，围坐在那里吸，一副“飘飘欲仙”的样子，一下子就引起了小华的好奇。当“哥们”怂恿他尝一口时，小华毫不犹豫地伸出了手。有了第一次，就有了第二次、第三次。后来，为了弄钱吸毒，小华开始向家长说谎，也没心思上学了，甚至骗、抢同学的钱。

沈阳市王家两姐妹“以贩养吸”，在4年时间里，采取对初吸毒者无偿“送毒”等方法，使30多人吸毒成瘾。吸毒人员中有机关干部、学生、无业人员等，年龄最少的只有16岁。

据《2016年中国毒品形势报告》显示，截至2016年年底，在全国现有250.5 万名吸毒人员中，不满18 岁的有2.2万名，占0.9%；18岁到35岁的有146.4万名，占58.4%；吸毒人员低龄化特征明显。

由此可见，毒品就在我们的身边，邪恶的毒品正在向青少年袭来，这绝不是危言耸听。因为青少年正处在生理和心理发育期，心理防线薄弱，好奇心强，判断是非能力差，不易抵制毒品的诱惑，加之对毒品的危害性和吸毒的违法性缺乏认识，因此，青少年便成为易受毒品侵袭的人群。

二、学会拒绝毒品

青少年阶段是人生成长的关键时期，对生活充满热情和憧憬，渴望拥有五彩斑斓的生活和精彩人生。在这个关键时期，如果尝试了第一口毒品……一旦染上毒瘾，你的人生悲剧就会从此开始。面对毒害的侵袭，广大青少年应该牢固构筑拒毒的心理防线，提高自身的免疫能力，构筑拒毒防线，学会拒绝毒品。

在青少年吸毒者中，由于无知、好奇被他人引诱而吸毒的比例极高。一项对吸毒者的调查表明，由于好奇而吸毒的占 84.4%，被他人引诱而吸毒的占 10.8%。据贵州省安顺市药物滥用流行所调查：在 216 名毒品吸食者中，男性有 73.1%、女性有 52% 的人是因好奇心而染上毒品的。

据一项对某市 55 名吸毒在校生的调查发现，有 20 人初次染毒是在电子游戏室里。一些以贩养吸人员，以电子游戏室等娱乐场所为据点，瞄准经常出入这些场所的中小学生，教唆、诱骗他们吸毒上瘾。

一般说来，毒贩们引诱广大青少年吸毒有五大毒招：

一是“吸一两次不会上瘾”。

二是免费尝试。

三是声称“吸毒治病”。

四是鼓吹“吸毒可以炫耀财富，现在有钱人都吸毒”。

五是利用女青年爱美之心，编造“吸毒可以减肥”的谎话。

青少年要有效抵制毒品，必须努力做到以下几点：

第一，克服盲目的好奇心，抵制不良诱惑。青少年具有较强的好奇心，但是，面对毒品，千万不能在好奇心驱使下去尝试第一口。若抱着“找一下吸毒的感觉”“我就不信它有那么神”“吸一口不要紧”“我吸毒再戒毒给你看看”等心态开始吸毒，那就是在将自己推向万丈深渊。

信息平台

对毒品说“不”要诀

◆不好奇。自己不清楚的药品、食品、饮料、“提神香烟”“美味凉皮”等，不要尝试。遇到这些东西，要向父母、老师、知识较丰富且品质可靠的长者请教，不要自作主张。那些吃起来很香，老想去吃的东西里面，很可能掺有毒品，使人上瘾，我们应提高警惕。

◆不存侥幸心理。不要以为“试一下没关系”。只要沾上毒品，就很难自拔。

◆不轻信。不管是亲朋好友的“诚意”，还是天花乱坠的广告词语，拿定主意不沾毒品。

◆不辩论。不与劝你吸毒的人讲毒品的危害，不批判他们的行为，以免发生意外。明确表态不吸毒，不要含糊不清，不要模棱两可。

◆不赌气。不要感情冲动，凭“义气”争高低。结果被人用“激将法”套入毒渊。

◆不沾光。不要贪图便宜去吃免费“午餐”，以免上坏人的当，堕入毒渊。

第二，正确对待困难和挫折，不要用毒品来麻醉自己。青少年朋友在学习、生活、家庭和社会交往中，遇到一些困难和挫折是正常的。在困难和挫折面前，要冷静，多和家长、老师和朋友谈心沟通，多找主观原因，排除烦恼。绝对不能借毒品来解脱苦闷，千万要警惕别人利用毒品来对你安慰和引诱。要相信，困难和挫折是暂时的，以坚定的意志去战胜它，你就能克服它。

案例聚焦

何某从小到大，学习一帆风顺，在班上一直是第一名。然而班上转来了一位新的同学，成绩很好，“威胁”了他第一名的地位，他开始有“既生瑜，何生亮”的感觉。期末考试最后一门还没考完，新同学领先5分，于是他自尊心受挫，面子上挂不住了。在考最后一门时，他孤注一掷，采取作弊的形式，结果可想而知。名誉扫地，处分、检讨接踵而来，一直太顺利的他被悔恨压得喘不过气来。他无法承受和面对这一切，于是逃遁在毒品的虚幻梦境中，又演绎了一幕一失足成千古恨的悲剧！

在戒毒所，我们问一个中学生吸毒者：“你是怎样吸上毒品的？”他说：“我原先就吸香烟。有一天，一个朋友给我一支烟，我看它不像香烟，就问他这是什么。他诡秘地一笑说：‘你吸吸吧，比你吸的那种烟好多了。’我就想：反正都是烟，吸就吸呗。谁知那里面有海洛因，吸了没几支，就上了瘾，再也戒不掉了。”

第三，养成良好的行为习惯。有关调查表明，有不良行为习惯的人更容易沾染毒品。从吸烟到吸毒只有一步之遥。吸烟、喝酒，不利于青少年身心健康，也往往是沾染毒品的第一步。据调查，在吸毒者中，从青少年时期就开始吸烟、喝酒者所占比例最高。所以，有一位戒毒专家警告说：“吸烟者是吸毒者的预备军！”广大青少年要做到不涉足未成年人不宜进入的场所。因为这些场所是毒品违法犯罪多发之地，你涉足这些场所，说不定就被毒贩子利用。课余时间，多读些好书，多参加一些有利于身心健康的文体、社会活动。

案例聚焦

一家娱乐城豪华的“总统套房”内，烟雾缭绕，音乐声震耳欲聋。30 多个年轻人眼神迷离、神智混乱，有的横七竖八地蜷缩在包间的沙发上，有的兴奋地随着音乐狂舞，桌上残留着吸食 K 粉的痕迹。

这 30 多名聚众吸毒者，竟全都是些十几岁的青少年，其中还有 5 名在校学生。他们的平均年龄只有 17 岁。原来是有同学过生日，大家先是喝酒、唱歌、看世界杯，后来有人喊了声“没点刺激的真没劲”，于是两个过生日的东家就买来了 K 粉，请大家“嗨”。他们把 K 粉掺进酒水里，倒到嗨盘中，逐一请到场的同学朋友“嗨”。

第四，谨慎交友，克服逆反和从众心理。随着年龄的增长，青少年的独立意识逐渐增强，家庭的影响力相对减弱，而同伴朋友之间的相互影响日益加强。如果结交好的同伴，他们会互相促进，积极向上；反之，则可能因此而堕落。所以，我们在交朋友时一定要慎重，认清吸毒者。同时还需要调整自己的心态，不要有从众心理或是逆反心理。

信息平台

染上毒瘾者一般有以下迹象：

1. 无故旷工、旷课，学业成绩、纪律或工作表现突然变差；
2. 在家中或单位偷窃钱财、物品，或突然频频地向父母或朋友索要或借钱；
3. 长时间躲在自己房间内，远离家人、他人，不愿见人；
4. 外出行动表现神秘鬼祟；
5. 藏有毒品及吸毒工具（如注射器、锡纸、切断的吸管、匙羹、烟斗等）；
6. 遮掩收缩的瞳孔，在不适当的场合佩戴太阳镜；
7. 为掩盖手臂上的注射针孔，长期穿着长袖衬衣；
8. 面色灰暗、眼睛无神、食欲不振、身体消瘦；
9. 情绪不稳定，常异常发怒、发脾气，坐立不安、

睡眠差；

10. 经常无故出入偏僻的地方，与吸毒者交往。

第五，科学用药，避免毒品陷阱。俗话说：“是药三分毒。”我们日常使用的一些药物本身就有依赖特性，如果服用方法不当，也会产生很大的副作用，使人成瘾。特别是在身体不舒服时，更不能够听信他人，服用一些未知的药品，这会给毒贩子可乘之机。

案例聚焦

云南省艺术学校一名19岁的女生，以跳孔雀舞而在娱乐圈里小有名气。她第一次吸毒是因为胃疼，听人说吸了马上就不疼。第二次还想找点感觉，第三次就什么都不想了。吃饭、穿衣都成了额外的负担，更何况起早练功、晚上演出了。直到有一天她在排练厅犯了毒瘾，人们才得出这样的结论：海洛因扼杀了孔雀，毒品埋葬了她的艺术青春。

毒品是极具诱惑力的东西，况且毒贩子又无孔不入在诱惑他人吸毒，这对涉世不深的青少年确实是一个难题。社会上的每个人都会受到来自各个方面的种种不良因素的影响，然而走上歧途的只是极少数。因此，要拒绝毒品，免受侵害，最重要的是要增强自身的防毒能力，构筑拒毒的坚强防线，管好自己，决不吸食第一口。

第4节 禁毒人民战争

吸毒为世界许多国家严重存在的一个社会问题。吸毒造成了超越国界的社会犯罪增加和个人人格沦丧等严重后果，引起了国际社会的重视。

中国自20世纪80年代以来积极进行禁毒斗争，积极参与国际禁毒合作，并在全国范围内围绕国际禁毒日的主题开展了广泛的禁毒专项斗争和群众宣传。

一、打击毒品犯罪

面对世界毒潮的影响，我国毒品形势也日益严峻，因吸毒、贩毒诱发的各种违法犯罪行为不断增多。面对新的毒品问题，我国政府坚持严厉禁毒的立场，采取一切必要措施，打击毒品犯罪，禁止吸毒，向毒品宣战。

毒品犯罪的构成应具备的四个要件

1. 毒品犯罪客体，侵犯的是我国刑法和有关禁毒的法律法规所保护的而被毒品犯罪所侵犯的有关对毒品进行管制的管理制度和社会管理秩序。

2. 毒品犯罪客观方面，包括危害行为、危害结果、危害行为与危害结果之间的因果关系等，其中，危害行为是不可缺少的要件。

3. 毒品犯罪主体，是达到法定刑事责任年龄，具有刑事责任能力，实施了毒品犯罪行为的自然人和法律规定的犯罪单位。

4. 毒品犯罪主观方面，指犯罪主体对自己实施的毒品犯罪行为及造成危害社会结果是持故意的态度。

为了预防和惩治毒品违法犯罪行为，保护公民身心健康，维护社会秩序，2007年12月29日我国通过《中华人民共和国禁毒法》，自2008年6月1日起施行。《中华人民共和国禁

毒法》明确指出，禁毒是全社会的共同责任。禁毒工作实行预防为主，综合治理，禁种、禁制、禁贩、禁吸并举的方针。实行政府统一领导，有关部门各负其责，社会广泛参与的工作机制。

深入推进堵源截流禁毒行动。针对毒品主要来自境外的情况，我国构筑了“边境一线堵、省内二线查、出省口子三线截”的有效屏障，构建陆路、海路、航路、邮路立体防控体系，堵住毒品入境、内流的渠道，有力遏制了境外毒品入境内流。

按照国家禁毒委员会的部署，公安边防、铁路、民航、森林、海关、邮政等部门警种积极履职，主动担责，形成堵源截流工作合力。2016年查缉行动共破获堵源截流案件3.1万起，抓获犯罪嫌疑人3.73万名，缴获各类毒品44吨、易制毒化学品2065.3吨。

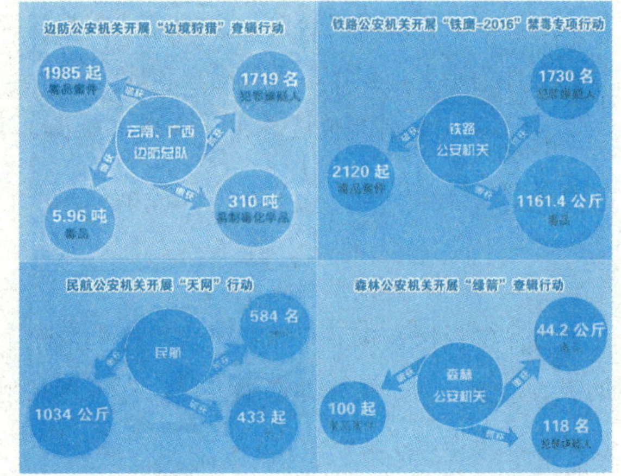

深入推进联合打击制毒犯罪工作。针对国内制毒活动猖獗的势头，广东、四川等16个重点地区深入推进联合打击制毒犯罪工作，破获了一批重大制毒贩毒案件，抓获了一批重大毒品犯罪分子。

2016年，我国共破获制毒犯罪案件330起，捣毁各类制毒厂点332个，抓获毒品犯罪嫌疑人1895名，缴获毒品成品41.07吨，麻黄素、羟亚胺、溴代苯丙酮等主要制毒物品380.08吨。

联合开展互联网禁毒工作。针对利用互联网贩毒和聚众吸毒问题，公安部禁毒局联合网络安全保卫局认真落实《中国互联网禁毒公约》，强化互联网企业主体责任，加大网上监督管理力度。

2016年先后两次开展网络扫毒统一行动，全年共抓获违法犯罪嫌疑人2.1万名，缴获毒

品 10.8 吨、易制毒化学品 52.1 吨，侦破其他各类刑事案件 529 起，清理删除非法涉毒信息 1.2 万条，关停取缔涉毒网站、栏目 1721 个，关停涉毒通信账号 10223 个，有效遏制了网上涉毒问题快速蔓延。

2016 年，全国共侦破跨国、跨境部级毒品目标案件 87 起，抓获涉案人员 816 名，缴获各类毒品 5.85 吨。

合力打击跨国跨境毒品犯罪。针对境外毒源地对我国危害严重的状况和与东南亚国家、澳大利亚、我国香港及台湾地区的互涉毒品问题，公安部禁毒局以联合行动为平台，以毒品目标案件为牵引，积极与相关国家和地区开展跨国、跨境执法合作。

2016 年，全国共侦破跨国、跨境部级毒品目标案件 87 起，抓获涉案人员 816 名，缴获各类毒品 5.85 吨。

二、开展禁吸戒毒战役

毒品的泛滥及毒品犯罪在一定程度上依赖于毒品市场的存在，吸毒祸国殃民。面对我国的吸毒形势，为了更好地造福人民，打击毒品犯罪，禁绝毒品，《中华人民共和国禁毒法》对禁吸戒毒做出了明确规定。

《中华人民共和国禁毒法》规定，吸食、注射毒品的，依法给予治安管理处罚。吸毒人员主动到公安机关登记或者到有资质的医疗机构接受戒毒治疗的，不予处罚；国家采取各种措施帮助吸毒人员戒除毒瘾，教育和挽救吸毒人员；吸毒人员可以自行到具有戒毒治疗资质的医疗机构接受戒毒治疗。

吸毒成瘾人员有下列情形之一的，由县级以上人民政府公安机关做出强制隔离戒毒的决定：

（一）拒绝接受社区戒毒的；

（二）在社区戒毒期间吸食、注射毒品的；

（三）严重违反社区戒毒协议的；

（四）经社区戒毒、强制隔离戒毒后再次吸食、注射毒品的。

国家采取各种措施帮助吸毒人员戒除毒瘾，教育和挽救吸毒人员。吸毒者是社会中的一个特殊群体，他们既是违法者，又是受害者。从医学角度看，吸毒者也是病人。因此，吸毒者具有双重性质的身份。要正确地对待吸毒者，既不要把吸毒者看作是犯罪分子，不要歧视他们，又要区别于一般的病人，要严格管理，依法科学戒毒。

信息平台

国家禁毒办多措并举推进吸毒人员查处管控工作，大力开展毒品滥用重点问题整治，深入推进社区戒毒社区康复工程，推动戒毒医疗工作持续发展。2016 年，全国查处有吸毒行为的人员 100.6 万名，其中新发现吸毒人员 44.5 万名，依法强制隔离戒毒 35.7 万人次，责令社区戒毒 24.5 万人次、社区康复 5.9 万人次。全国戒断三年未发现复吸人员 141.1 万人。

国家禁毒办指导各地深入推进社区戒毒社区康复工程，加强分类指导，强化基础工作，推动戒毒康复工作社会化。2016 年，全国建立乡镇、街道社区戒毒社区康复工作机构 2.9 万个，正在进行社区戒毒社区康复人员 39.6 万名。截至 2016 年年底，全国已配备专职禁毒社工 3.1 万名，建立戒毒康复人员就业安置点 3258 个。

作为吸毒者，不要自暴自弃，应该正视自己的问题，应该立即到相关的戒毒所进行戒断治疗，争取早日摆脱毒魔。作为吸毒者的家人和朋友，更不要放弃，应该更多地关心吸毒者，帮助他们戒除毒瘾，走向新生。

三、投入禁毒预防战役

青年学生不仅要做到自己远离毒品，而且要关注社会禁毒，要把强化全民的禁毒意识作为自己义不容辞的社会责任，积极参与各种禁毒活动。

案例聚焦

年轻人小肖，用 4 年的时间，骑自行车走过全国 8 个省、1000 多个城市，行程 3.8 万千米，宣传禁毒。小肖说，自己这几年的行动非常有意义，已经帮助一些人认识到了毒品的危害。中山市一位吸毒人员主动写信给肖华，说“毒品让我泯灭了人性，戒毒后我也要加入到你宣传禁毒的行列”。

青年学生参与禁毒活动，可以从身边做起，如参加禁毒宣传活动、慰问禁毒工作者、看望戒毒人员，还可以杜绝自己的家庭成员染上毒品，让自己身边的朋友同学远离毒品，这不

仅要做宣传工作，更要敢于与身边的违法犯罪行为做斗争。如果发现家庭成员、身边的朋友或其他人吸毒、贩毒等，我们应该立即向公安机关报告，与毒品违法犯罪做斗争。

青年学生还可以积极投入到学校和居住生活的社区中来，为创建“无毒校园”和“无毒社区”做出自己的贡献。

禁毒是一项长期而艰巨的斗争，任重而道远，全社会人人有责。加强禁毒教育，增强禁毒意识，应从现在做起、从我做起，拒绝毒品。面对美好的生命、邪恶的毒品，我们每一个人都应当立即行动起来，投入到禁毒斗争中去，让我们携起手来，共同唱响“珍惜生命，拒绝毒品”的主旋律，构筑严密的拒毒防线，开展严厉的禁毒斗争，构建和谐美好的世界，让广大青少年珍爱生命，远离毒品。

艾滋病预防教育篇

第1节 艾滋病在蔓延

从20世纪80年代初开始，人类不得不面对一个强大“敌人”——艾滋病病毒的入侵。几十年来它肆无忌惮地横行全世界，不停地制造灾难，降临死亡。多年来，国际社会为防治艾滋病做出了不懈努力，并取得积极进展。预防艾滋病，不仅是政府的职责，也需要我们每一个人积极行动，认识它的危害，采取有效预防措施，以抑制艾滋病的侵害和蔓延！

一、艾滋病——一种严重传染病

案例聚焦

“多么希望这只是一场噩梦，梦醒后擦擦额头的汗，一切，可以重新开始。然而……”

朱力亚——一个女大学生，和所有的同龄人一样，她有着火热的青春，满怀对未来的憧憬。然而只因为一场“心碎的约会”，她没有防范，艾滋病毒进入了她的身体。由此，这个恶魔改变了她的人生方向，吞噬她的青春和生命。

AIDS、HIV，是两个貌相怪异的英文缩略语，AIDS意为“获得性免疫缺陷综合征”，音译为“艾滋病”；HIV为“获得性免疫缺陷病毒”，简称为“艾滋病病毒”。

艾滋病是一种危害性极大的传染病，由感染艾滋病病毒（HIV病毒）引起。HIV是一种能攻击人体免疫系统的病毒。它把人体免疫系统中最重要的CD4T淋巴细胞作为主要攻击目标，大量破坏该细胞，使人体丧失免疫功能。因此，人体易于感染各种疾病，并可发生恶性肿瘤，病死率较高。HIV在人体内的潜伏期平均为8～9年，患艾滋病以前，可以没有任何症状地生活和工作多年。

案例聚焦

20世纪80年代初，最先在美国，而后在非洲和美洲的一些国家，医生们接待了一些极度“衰弱”的病人。他们失去了对疾病的抵抗力，平时不会让人生病的一些细菌、病毒可以在他们体内任意生长、繁殖，使他们罹患一些罕见的感染和肿瘤。医生们对这些病人束手无策，只能眼睁睁地看着病人很快地痛苦死去。这种异乎寻常的现象引起了美国卫生部门的高度重视，并进行研究。研究结果表明，这些人得的是人类一种前所未遇的、使人的免疫系统功能产生严重缺陷的传染病，即艾滋病。

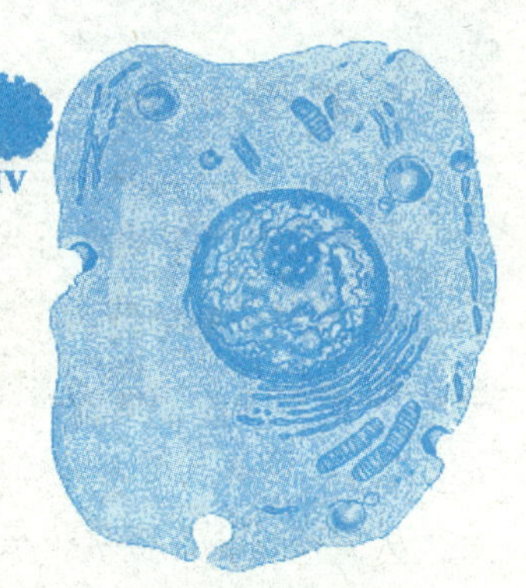

艾滋病毒（HIV）

人体处于正常状态时，体内免疫系统对机体起着良好的防御作用，抵抗各种病原体的袭击。一个人感染了HIV以后，此病毒就开始攻击人体免疫系统，经过一定时间，HIV削弱了免疫系统，人体就会感染上机会性感染病，如肺炎、脑膜炎、肺结核等。一旦有机会性感染发生，人就被认为是患了艾滋病。也就是说艾滋病（AIDS）代表获得性免疫缺陷综合征，它本身不是一种病，而是一种无法抵抗其他疾病的状态或综合症状。人不会死于艾滋病，而是会死于与艾滋病相关的疾病。

研究表明，艾滋病病毒具有如下特性：

一是对外界环境的抵抗力较弱。艾滋病病毒离开人体后，常温下只可存活数小时至数天，高温、干燥或者通常用的化学清洁剂、消毒剂都可以杀死它，甚至自来水中的余氯就会使它失去活性。不能在昆虫（如蚊子、跳蚤等）体内存活。

二是具有迅速变异能力。艾滋病病毒的“外貌”经常发生改变，有许多的亚型。例如，最早引起艾滋病流行的I型病毒（广泛流行于世界各地）现有11个亚型，而且这些亚型还在不断变化着。这也是艾滋病难以防控的重要原因。

被艾滋病病毒感染但还没有出现症状的人称为艾滋病病毒感染者，又称艾滋病病毒带毒者或携带者。当艾滋病病毒感染者的抵抗力遭受到艾滋病病毒严重破坏后，不能维持最低的抗病能力时，便出现很难治愈的多种病症，这时就称为艾滋病病人。

从感染艾滋病病毒到发展到艾滋病病人，通常要经历一个潜伏期。潜伏期长短因人而异，短则数月，长则可达十几年，平均为8～10年。但青少年在感染艾滋病病毒后，多在数月后就发展成为艾滋病病人。在潜伏期内，艾滋病病毒感染者看起来和健康人完全一样，可以和健康人一样正常工作和生活。不过，艾滋病病毒感染者和艾滋病病人身体内都有艾滋病病毒，可以通过血液和其他体液将病毒传给他人。当艾滋病病毒感染者发展为艾滋病病人后，一般会在半年至两年内死亡。

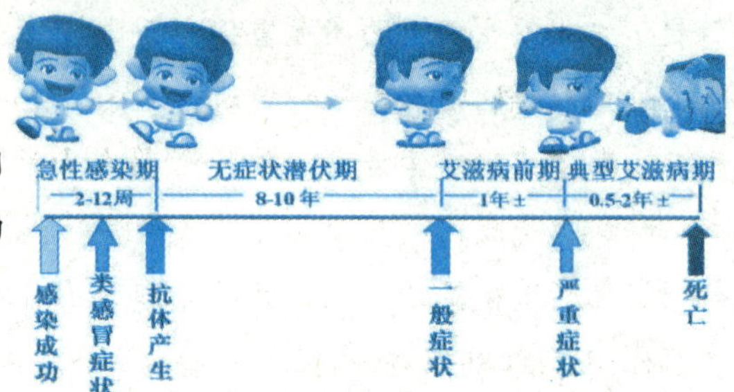

艾滋病形成阶段

1. 潜伏期。潜伏期为艾滋病毒进入人体内生存、适应、繁殖的阶段，不发生任何可察觉的症状，化验正常，三个月后艾滋抗体变为阳性，约有10%的患者可转为淋巴结病期。

2. 艾滋性淋巴结期。此期艾滋病毒已开始侵犯淋巴结，且持续三个月以上不消退，病程一般为3个月至4年，症状为：淋巴结肿大，较硬可移动，常对称而无压痛，病理活检为良性反应或增生。无其他临床体征或仅有“疲劳、发热、夜汗、微瘦、轻微泻”中一项症状，有轻度免疫缺陷，约有10%的病例转为艾滋相关综合征。

3. 艾滋病相关综合征（ARC）。人体受艾滋病毒感染后，已发生临床症状。病程一般为1~3年，其工作、生活、身体健康状况已受到影响，需住院治疗。25%病人转为重症艾滋病。

4. 重症艾滋。病程一般1.5～2.5年，第一症状常为发热（一般38℃），伴出汗、发冷等；极度疲劳；消瘦：两个月内消瘦4kg或体重减轻10%；淋巴结肿大，持续3个月以上；鹅口疮；持续性腹泻一周以上；咳嗽、气短；皮疹、皮肤斑点、斑块、紫红色、出血、易因撞伤或轻伤出血等。此外，还并发多种红菌、病毒、寄生虫感染及多种瘤。

二、艾滋病肆虐全球，我国艾滋病流行形势严峻

自首例艾滋病患者被诊断出以来，艾滋病病毒在全球范围内的传播速度惊人。据联合国艾滋病规划署发布报告称，截至2015年，全球共有3980万人感染艾滋病毒，2015年新增艾滋病毒感染病例210万，其中包括150万名儿童，共有110万人死于艾滋病。

撒哈拉沙漠以南的非洲国家是艾滋病感染最严重的地区，感染率超过25%，只有全球人口10%的该地区，艾滋病毒感染者已达到2500万，占世界总数的68%。2015年，全球四分之三的新增感染病例来自撒哈拉以南非洲地区，南亚地区所占比例为8. 5%，而东亚仅2. 3%。

据印度国家艾滋病控制组织研究结果显示，印度目前有270万艾滋病患者和病毒携带者。如不加扼制，艾滋病将在印度“灾难性”蔓延。

艾滋病这个恶魔般的疾病，也没有放过中国这个开放中的文明国度。

艾滋病在中国大致经历了三个流行阶段：1985年至1988年为国外病例传入期，1989年

至 1993 年为艾滋病散播期，1994 年至今为艾滋病高速增长期。

1985 年，一位到中国旅游的外籍人士患病入住北京协和医院后很快死亡，后被证实死于艾滋病，这是我国第一次发现艾滋病病例。

根据《中国艾滋病性病》报告，截至 2016 年 8 月 31 日，全国报告现存活艾滋病病毒（HIV）感染者 /AIDS 病人 645541 例，报告死亡 198523 例。现存活 HIV 感染者 379543 例 ,AIDS 病人 265998 例。

中国艾滋病疫情流行具有以下特点：

——范围广，地区差异大。疫情涉及全国 31 个省、市、自治区，以河南和云南省、广西、新疆维吾尔自治区和广东省居多。

——三种传播途径并存。注射吸毒和性接触是艾滋病传播的主要方式。

——艾滋病由高危人群向一般人群扩散。艾滋病正由吸毒、卖淫、嫖娼等高危人群向一般人群扩散。云南、河南、新疆等省区的部分地区，孕产妇、婚检及临床检测人群中的艾滋病病毒感染率已经达到或超过 1%，已达到联合国艾滋病规划署界定的高流行水平。

——存在艾滋病疫情进一步蔓延的危险。公众对艾滋病的了解依然很少，很多人不知道如何保护自己免受艾滋病侵害。大量人口流动、性乱行为增加以及很多城市增长的性病发病，也都成为促进艾滋病蔓延的重要因素。

目前是遏制中国艾滋病快速增长势头的关键时刻，必须不失时机地切实落实各项防控措施。否则，将出现艾滋病的大面积流行，不仅对个人、家庭，也会给社会造成严重的危害，给国家经济建设和社会稳定与发展造成灾难性损失。

艾滋病的危害

从生理上讲，艾滋病病毒感染者一旦发展成艾滋病人，病情就会迅速恶化，患者身体上要承受巨大的痛苦，最后被夺去生命。

从心理上讲，艾滋病病毒感染者一旦知道自己感染了艾滋病病毒，心理上会产生巨大的压力。

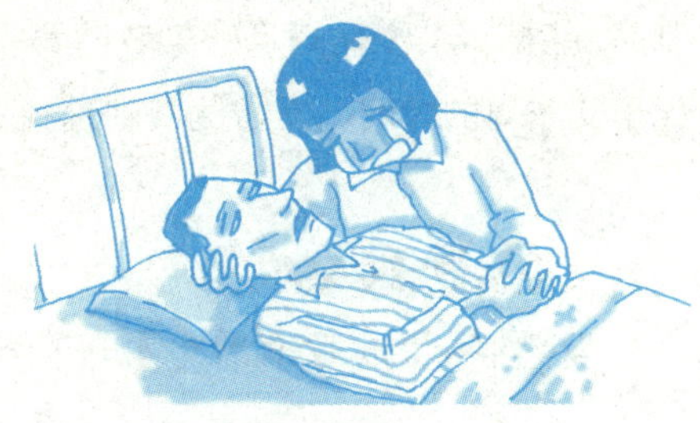

从社会上讲，艾滋病病毒感染者容易受到社会的歧视，很难得到亲友的关心和照顾。同时，社会中的每一个成员都可能成为艾滋病流行的直接或间接受害者。

第2节 艾滋病的传播与预防

一、艾滋病的传播途径

约翰一家因艾滋病而支离破碎。约翰从妈妈那里带着血友病的遗传因子来到这个世界。由于疾病，他需要经常注射血液制品维持生命。靠定期输入血液制品，约翰和正常人一样成长着，生活着。他结了婚，有了一个爱他的妻子。几年后，可爱女儿的出现又给这个和睦的家庭增添了天伦之乐。不久，艾滋病在美国悄悄蔓延开来，约翰输入了被艾滋病病毒污染的血液制品，然而他全然不知。也就是在不知不觉中，通过性生活约翰将艾滋病病毒传给了妻子。妻子怀孕了，艾滋病病毒又通过母亲悄悄地侵入幼小生命中，不久，这个幼小的生命便因艾滋病病毒而夭折。接着约翰和他的妻子也相继发病而亡，只剩下约翰的大女儿活在世界上。

国内艾滋病传播途径示意图

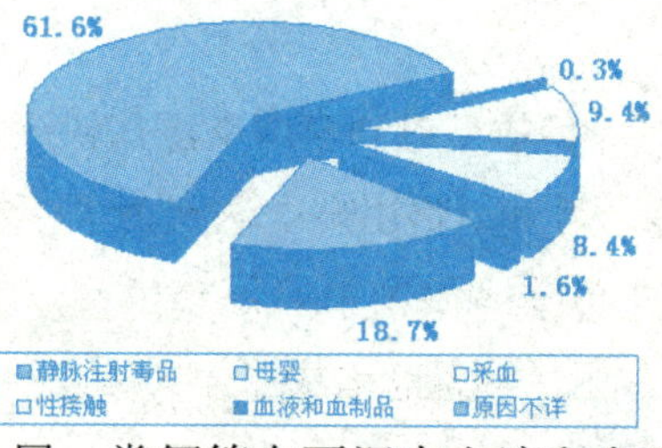

约翰家庭发生的悲剧，控诉了艾滋病给人类社会造成了极大的危害，也向我们揭示了艾滋病病毒的传播途径。

艾滋病的传染源，包括艾滋病病人及艾滋病病毒携带者。艾滋病病毒存在于感染者的体液和器官组织内，感染者的血液、精液、阴道分泌物、乳汁、伤口渗出液中含有大量艾滋病病毒，具有很强的传染性。泪液、唾液、汗液、尿、粪便等在不混有血液和炎症渗出液的情况下，没有传染性。因此，艾滋病传染途径主要是：血液传播、性传播和母婴垂直传播。

血液传播 血液是艾滋病病毒生存的“大本营”，如果输入被艾滋病病毒污染的血液或血制品，移植了艾滋病病毒感染者的器官，几乎肯定会染上艾滋病病毒，而发展成为艾滋病病人。死于艾滋病的时间，常常比其他途径感染的人要快得多。

差5天就年满17岁的小张在艾滋病的痛苦折磨中死去，从确诊到离世只有13天时间。

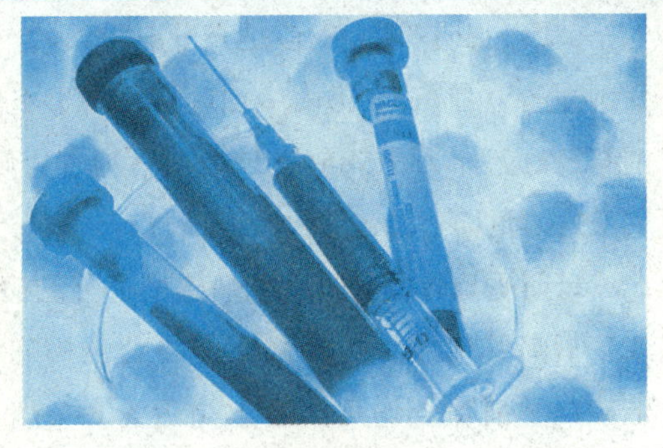

临死时，眼睛睁得大大的，噙着泪水，可直到死他也不知道自己患的是艾滋病。而染上艾滋病是缘于8年前一次手术中的输血。

与艾滋病感染者共用注射用具，以及使用被艾滋病毒污染后未经彻底消毒的医疗器械、理发用具等，也会感染艾滋病。因此，无偿献血时选择正规医院或机构，不私下参与血液制品的买卖，避免使用来历不明的血液制品，如需输血，须到正规医疗机构，并在医生的指导下，输入或使用由血库提供、经过检验的血液制品。

在我国，艾滋病的传播，最开始集中在吸毒人员中，吸毒者吸食海洛因，从口吸发展成静脉注射吸毒，再发展成共用针具进行吸毒，这样艾滋病就传播开来。

信息平台

吸毒是艾滋病的温床。特别是那些静脉注射毒品的人，在毒瘾发作时会不顾一切，甚至一群吸毒者共用一支针管轮流注射，所以很多通过血液传播的疾病如艾滋病、肝炎等很容易在这些吸毒者中传播。我国现阶段艾滋病病毒感染者中有超过多半是静脉吸毒者。在吸毒者中，艾滋病魔影随着毒品的幽灵一起游荡。

性传播　性传播是艾滋病传播的常见途径。病毒可由感染者传给其性伴侣，这包括从男人传给女人、女人传给男人，由同性恋者的男人传给男人和女人传给女人。艾滋病就是在美国的同性恋者中最早被发现的。

信息平台

在我国，艾滋病经过性途径的传播，逐渐变成主要的一个传播途径。全世界已有的4000万艾滋病感染者中，80%是经过性传播的，而在经性传播的人中，又有80%的人是通过异性间的性接触传播的。性传播在中国也是一个非常重要的问题。

我想要用我的经历，告诉那些有可能跟我犯同样错误的人：仅仅因为一次冲动，你就可能犯下必须用生命去赎罪的错误。一次高危性行为（无任何保护措施）哪怕只有千分之一或者万分之一HIV的感染率，那对这一个人来讲就是100%的感染。艾滋病离我们真的非常近。

——一名因嫖娼感染艾滋病的人

健康、文明的性，应该是充分尊重人的个性，同时又坚守道德底线，双方自愿而不伤害他人。我国性病患者在18年内增加近百倍的事实提醒我们，在对待性问题上，必须遵守性道德，要洁身自好，千万不能放纵自己的行为，否则就要受梅毒、淋病等性病的惩罚，而且会有感染艾滋病的危险。

母婴垂直传播 如果母亲感染了艾滋病病毒，在怀孕、分娩或产后哺乳等过程中，都可能将艾滋病病毒传染给孩子。进行婚检、孕前检查均可筛查出是否为HIV病毒感染者或携带者，通过改变生殖计划、服用相关药物，可以预防母婴传播。

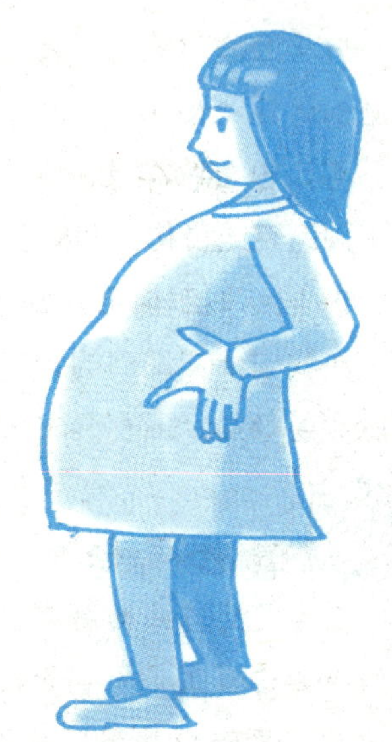

研究表明，在未干预的情况下，艾滋病母婴发生率达15%到50%。据统计，全球每年有240万感染艾滋病病毒的妇女生育孩子，造成每年约80万个新生儿感染艾滋病。而我国部分地区的资料显示，由母婴传播造成的婴儿和儿童艾滋病病毒感染人数也在逐渐增加，严重威胁着儿童的健康和生命。

艾滋病会通过血液、性和母婴传播，但不等于艾滋病病毒无孔不入。艾滋病病毒的传播需要具备一定的条件。艾滋病病毒非常脆弱，一旦离开人体就会很快死亡。与艾滋病人及艾滋病病毒感染者的日常生活和工作接触（如握手、拥抱、共同进餐、共用工具和办公用具等）不会感染艾滋病，艾滋病也不会经马桶圈、电话机、餐饮具、卧具、游泳池或公共浴室等公共设施传播，咳嗽、打喷嚏、蚊虫叮咬等也不会传播艾滋病。

艾滋病易感人群

人们经过研究分析已清楚地发现了哪些人易患艾滋病，并把易患艾滋病的这类人群统称为艾滋病易感高危人群，又称之为易感人群。艾滋病的易感人群主要是为男性同性恋者、静脉吸毒成瘾者、血友病患者中接受输血及其他血液制品者，以及与以上高危人群有性关系者等。

二、艾滋病的预防

艾滋病虽然是一种极其危险的传染病，但对个人来讲是可以预防的。艾滋病的传播主要与人类的社会行为有关，必须以人类体液为“航道”。我们预防艾滋病，就是要针对其传播途径，养成文明健康的生活方式，规范自己的社会行为，以阻断艾滋病对自己的侵害。

1. 树立正确的性爱观，远离危险的性行为。青少年洁身自爱，检点行为，遵守性道德，学会调节性冲动，避免轻率卷入危险的性活动，防范艾滋病经性传播给自己和他人造成危害。

专家在线

能通过避免艾滋病病毒的传播感染 A、B、C、D 法

唯一能够保证完全避免艾滋病病毒经性行为传播的办法是禁欲（Abstaining from all sexual contact）；如果有性行为，要忠诚（Be Faithful）。没有感染的性伙伴应对对方忠诚，如果有性行为，要使用安全套（Condom）。年轻人，尤其是女孩子，要在成年的过程中学会做出决定（Decisions）：决定什么时候不应该发生性行为；有性行为的时候决定使用安全套；决定避免所有不安全和不必要的注射。

一个因一次危险的性行为而感染艾滋病的患者写道：如果有人可以在即将迷失自己的那一刻，能想到我这样一个人经历的悲惨故事，而放弃那些危险的游戏，远离艾滋病这个恶魔，我就满足了；如果能用公开我一条命的悲哀，换回一个年轻、鲜活的生命，那我做的就是值得的。预防艾滋病，请远离危险的性行为。

专家在线

安全套并不是百分之百的安全保障

新英格兰医学杂志报告的避孕套预防艾滋病的失败率为 16.7%；英国社会科学医学杂志的报告，安全套预防艾滋病的失败率为 31%。

失败的主要原因：

1. 因为在安全套没有遮盖的部位如果有皮肤破损，仍可能感染艾滋病。

2. 安全套的使用方法不当或者质量不佳也会影响预防疾病的效果。

专家观点：

能使人类最终战胜艾滋病的，不是特效药、疫苗，更不是安全套，而是作为中华民族优秀文化组成部分的传统性道德。

洁身自爱、遵守性道德是预防经性途径传染艾滋病的根本措施。正确使用避孕套不仅能

避孕，还能减少感染艾滋病、性病的危险。及早治疗并治愈性病可减少感染艾滋病的危险。正规医院能提供正规、保密的检查、诊断、治疗和咨询服务，必要时可借助当地性病、艾滋病热线进行咨询。

2．安全用血，避免血液接触感染。任何有血液交换的活动都有可能会传播艾滋病病毒。保证输血和使用血液制品的安全是预防艾滋病病毒经血液传播的重要屏障。必须输血时要使用经过艾滋病病毒抗体检测的血液和一次性或经过严格消毒的输液器。确保用血安全，是防止艾滋病经采供血途径传播的关键措施。

避免血液接触感染须知

◆在必须接受输血时，事前一定要了解血液来源是否安全。

◆参加无偿献血，不卖血，更不可到非法的地下采血点去卖血。

◆在接受计划免疫注射时，做到一人一针一管，拒绝接受合用注射器或针头的注射。

◆去医院或诊所接受拔牙或其他口腔治疗、注射、针刺治疗等时，必须了解这一医疗机构是否认真执行消毒措施。对于消毒不严的治疗或检查（如内窥镜）应拒绝接受。

◆能服药治疗的就不打针，不论是皮下、肌肉或静脉注射都应尽可能避免。

◆不到消毒不严格的理发馆、美容院去理发或美容。

◆牙刷必须每人自备自用。刷牙时出血的现象是经常发生的，有牙龈炎时出血更多，所以不能共用。

◆不要文身。文身针刺破皮肤有可能造成艾滋病病毒感染。

◆救护流血伤员时，要设法不让血液直接沾染自己的皮肤，尤其是在自己身上发生皮肤破伤时更应重视。可用衣服、塑料单来隔开伤员。

◆在可能因剧烈冲撞而引起皮肤损伤流血的体育运动中，应该了解对方是否已感染艾滋病病毒。

◆不打架斗殴。打架斗殴双方难免流血，有可能造成艾滋病病毒感染。

◆在美容中一些伤及真皮、导致出血的项目，如文眉、穿耳洞、文眼线、洗牙、拔牙、修脚及美容手术中的输血等，要到有资质的医疗美容机构，以免传染艾滋病。

3. **对毒品说“不”**。毒品与艾滋病是当今人类的两个最大的杀手。艾滋病跟随在毒品身后的阴影里。艾滋病病毒在吸毒者中传播十分迅速，是因为静脉注射吸毒者常会共用没有经过消毒的注射器注射毒品，使带病毒的血液通过注射器从一个人体内进入另一个人体内。所以，预防艾滋病毒通过吸毒相互传播，核心问题是杜绝共用注射器。

信息平台

联合国毒品和犯罪事务办公室发布年度毒品报告显示，2014 年全球约 2900 万人被列入“吸毒成瘾”范畴，约 1200 万吸毒成瘾者通过注射使用毒品，其中约 14% 的人感染了艾滋病病毒。

毒祸猛如虎。珍爱生命，我们一定要把握住拒绝毒品这道防线，切记毒品不可尝试，坚决不吸第一口毒品。有人如果不幸沾染了毒品，坚决戒毒就是预防艾滋病的第二条重要防线。如果一时不能戒除毒瘾，也要避免静脉注射毒品，更不能和其他人共用注射器或针头。因为这是预防吸毒传播艾滋病毒的最后一道防线了，这道防线距艾滋病仅一步之遥。

4. **阻断 HIV 的母婴传播**。到目前为止，母婴传播（MTCT）是 15 岁以下儿童艾滋病病毒感染的最主要途径。如果血液制品得到常规筛查，清洁针头和注射器广泛供应，母婴传播将是儿童感染艾滋病的唯一途径。

感染了病毒的怀孕妇女，可以通过服药、安全的生产过程和避免给孩子喂母乳等办法，大大降低把病毒传给胎儿或婴儿的危险。生出的孩子也可能是没有感染病毒的健康人。

专家在线

目前还没有可以彻底治愈艾滋病的药物。虽然有几种药物和治疗方案，如“鸡尾酒”疗法，能够治疗与艾滋病有关的感染，抑制感染者体内艾滋病病毒的增殖，但这些药物不能消除感染者体内的病毒，不能治愈艾滋病，只能推迟症状出现的时间和延长患者的生命。

如果怀疑自己染上了艾滋病病毒，一定要和医生或艾滋病检测中心取得联系，以得到咨询和检测，及时进行治疗。

艾滋病病毒感染者和患者的义务与责任

1. 艾滋病病毒感染者和艾滋病患者应听从医务人员指导，服从卫生防疫部门管理；

2. 艾滋病患者应暂缓结婚，艾滋病病毒感染者如申请结婚，双方应接受医学咨询；

3. 对明知自己是艾滋病病毒感染者或艾滋病患者而故意感染他人者，应依法追究其法律责任；

4. 艾滋病病毒感染者和艾滋病患者不得捐献血液、精液、器官、组织和细胞。

与艾滋病病人相处注意事项

1. 注意个人与艾滋病病人的皮肤有无损伤、裂口、溃烂、湿疹等皮肤病，若有，最好不要与艾滋病病人握手或拥抱，否则有被感染的危险。

2. 艾滋病病人用过的生活用具，如牙具、刮脸刀、理发工具、美容工具、注射针头、坐便器，以及和艾滋病人一起游泳等，都有危险，应该避免。

3. 夫妻之间一方感染有艾滋病病毒或患有艾滋病，切忌深吻，过性生活时要正确使用避孕套；因避孕套并非绝对安全，最好节制性生活。

4. 医务人员在诊治、护理艾滋病病人，特别是为艾滋病病人实施检查操作时，要严格坚持消毒隔离制度，提高警惕，防止刺破皮肤，防止意外的发生。

第3节 共享生命阳光

一、关爱的力量

德诺10岁那年因为输血不幸染上艾滋病，伙伴们全躲着他，只有艾迪依旧像从前一样跟他玩耍。艾迪的妈妈不让她找德诺，她怕艾迪染上这可怕的病毒。但这并不能阻止两个孩子的友谊。

离德诺家后院不远，有一条通往大海的小河，河边开满了五颜六色的花，艾迪告诉德诺，把这些花熬成汤，说不定能治他的病。德诺喝了艾迪熬的汤，身体并不见好转。

不久，德诺住进了医院，艾迪依旧常常去医院看他。两个好朋友在一起，病房里就充满了笑声。他们有时还玩装死游戏，看见护士们上当的样子，他们忍不住大笑。秋天的一个下午，夕阳照着德诺苍白的脸，在病房陪着德诺的艾迪问，还想不想玩装死的游戏，德诺点点头。然而这回，德诺在医生为他搭脉时再也没睁开眼睛笑起来，他真的死了。

那天，艾迪哭着对德诺的妈妈说："我很难过，没能为德诺找到治病的药。"德诺的妈妈泪如涌泉："不，艾迪，你找到了。"她紧紧搂着艾迪："德诺一生最大的病是孤独，而你给了他快乐，给了他友情，他一直为有你这样一个朋友而满足……"

艾滋病病人及感染者身心由于疾病遭受着巨大的痛苦和折磨。迄今为止的治疗尚不能根除感染者体内的病毒，存在尚需克服的困难。而关怀是一服良药，关爱能鼓励不幸者面对疾病，面对现在和未来，鼓起生活的勇气与疾病做斗争。关爱、理解、沟通可使艾滋病病人和感染者与医护人员合作，积极接受治疗。

案例聚焦

一位艾滋病患者的渴望

如果有一天，我的手破了，我去医院包扎，我可以坦然地对医生说：我是HIV携带者，请注意消毒，而医生和其他病人都能很平静。如果有一天，我去理发，我对理发师说：我是HIV携带者，请注意消毒，而理发师和其他客人都能很平静。那一天，就是我的节日！那一天，所有的病人都可以站在阳光下，平等地享受生活的乐趣和生命的自由，享受家人与朋友的关心和鼓励，重新鼓起勇气，坦然面对命运的安排。那一天，就是人类成功防治艾滋病的节日。

对艾滋病人来说，最痛苦的除了病痛的折磨，还有可怕的歧视。在农村，有的村民不和感染艾滋病的人说话，甚至不允许艾滋病人家中的羊群到自家的草地吃草。在城市，为艾滋病致孤儿童举办的夏令营和“艾滋剧团”的演员们都曾遭遇住宿难的问题。艾滋病人和他们的家属面临着居住、就业、就医、上学等多方面的困难。为了不影响家人的正常生活，有的艾滋病感染者不得不背井离乡、隐姓埋名，过着流浪的生活。歧视已经成为艾滋病防治工作中面临的一大问题。

信息平台

对艾滋病病人及感染者的歧视行为

◆随意泄露艾滋病病人及感染者的姓名、地址、工作单位及生活史；

◆将病人和感染者的病情、个人生活状态作为谈话资料，渲染或猜测，严重伤害患者及其家属的身心健康；

◆以不正当理由拒绝为病人家属提供社会服务，如购物、孩子上学入托、就医等；

◆蓄意对病人及其家属使用侮辱性语言和行为，包括故意破坏他们的财产和生活用具等；

◆以不正当理由强迫患者家属搬迁或无理限制其行动自由。

不要歧视和厌恶我们，我们已经用我们的生命做了代价，更何况我们中有很多人是无辜的，就是为了挽留生命的一次输血。也许我们感染的原因不同，但每个感染者都是拥有生存权利，是人类大家庭中的一员。让我们能够少受疾病以外的心灵折磨，能够拥有普通病人的待遇，能够拥有一个体面的葬礼！

——一名艾滋病病人的呼声

对艾滋病病人及感染者的歧视对公共卫生造成的威胁

◆使人们更不愿接受病毒检测，因为他们害怕被家庭和社会抛弃。这样造成的结果是，中国每10个感染者中只有1个知道自己被感染。

◆使感染者不愿接受医疗卫生服务和社会服务，因为有时即使知道自己有病，他们也怕暴露自己，被家庭和社会抛弃。

◆降低人们的防范意识，因为歧视使人相信艾滋病只会传给那些“另类”的人。

对艾滋病人的歧视缘于无知和恐惧。由于对艾滋病缺乏必要的了解，很多人把艾滋病看成是“洪水猛兽”，把艾滋病感染者看做是“定时炸弹”。无知、恐惧和歧视是艾滋病防治工作的一大阻碍。对艾滋病人的歧视不仅不利于预防和控制艾滋病，还会成为社会的不安定因素。因此，我们不能简单地把艾滋病患者关进围墙、打入冷宫，使他们成为社会的弃儿，而是要鼓励他们坚强地生活，为他们提供更多的帮助和关爱。

艾滋病病人和艾滋病病毒感染者，他们是疾病的受害者，应该得到人道主义的同情和帮助。家庭和社会要为他们营造一个友善、理解、健康的生活和工作环境，鼓励他们采取积极的生活态度，改变危险行为，配合治疗，这有利于提高他们的生命质量、延长生命，也有利于艾滋病的预防和维护社会安定。

1988年1月，世界卫生组织在伦敦召开了100多个国家参加的“全球预防艾滋病”部长级高级会议，会上宣布每年的12月1日为“世界艾滋病日”。

2011—2016年世界艾滋病日主题是：行动起来，向“零”艾滋迈进（英文主题为Getting to Zero）。2017年副标题为“凝聚力量，攻坚克难，控制艾滋”，意在说明我国艾滋病防治工作到了关键时期，面临许多困难和挑战，需要动员各级政府、部门、社会组织和志愿者，集中各方面力量，解放思想，开拓创新，破解防治工作难题，控制艾滋病流行。

二、阳光行动

艾滋病威胁着每一个人和每一个家庭，影响着社会的发展和稳定，防治艾滋病是全社会共同的责任。遏制艾滋，捍卫生命，这是全人类的口号，也是我们努力的目标。我国政府和社会都做了不懈的努力。

2012年11月30日，习近平总书记在北京看望艾滋病患者，参加艾滋病防治志愿者培训交流活动。习近平强调，艾滋病本身并不可怕，可怕的是对艾滋病的无知和偏见，以及对艾滋病患者的歧视。艾滋病感染者和病人都是我们的兄弟姐妹，全社会都要用爱心照亮他们的生活。

中国政府防治艾滋病的措施

◆各级政府要建立防治艾滋病协调领导机构。

◆严厉打击非法采供血活动，有效遏制艾滋病经采供血传播。

◆制定并落实“四免一关怀”政策。

◆广泛开展艾滋病防治知识宣传教育。

◆加大防治经费投入。

◆加强疫情监测。

◆推广行为干预和综合预防措施。

为加强艾滋病防治工作，维护正常经济社会秩序，遏制艾滋病流行蔓延，我国政府出台了预防艾滋病“四免一关怀”政策。

“四免一关怀”政策

“四免”：对符合抗病毒治疗的艾滋病病人提供免费抗病毒治疗药品；对自愿接受艾滋病咨询检测的人员免费检测和咨询；为感染艾滋病病毒的孕妇提供免费母婴阻断药物；为艾滋病遗孤免费开展心理康复，为其提供免费义务教育。

“一关怀”：国家对艾滋病病毒感染者和患者提供救治关怀，各级政府将经济困难的艾滋病患者及其家属，按政策给予生活补助；扶助有生产能力的艾滋病病毒感染者和患者从事力所能及的生产活动，增加其收入。

预防艾滋病是全社会的责任。面对艾滋病疯狂肆虐蔓延的状况，我国有许多正义和善良的人，勇敢地走在抗击艾滋病的艰苦卓绝的前沿，用自己的力量关怀温暖艾滋病感染者和艾滋病人。

圣洁的“红丝带”

在一次世界性艾滋病大会上，与会专家、学者呼吁人们对艾滋病的理解，一条长长的“红丝带”被抛向会场的上空，人们将“红丝带”剪成小段，并用别针将折叠好的“红丝带”别在胸前。从此，“红丝带”象征着对艾滋病病毒感染者与患者的关心和帮助，象征着对生命的热爱和对平等的渴望，象征着要用“心”来参与艾滋病防治工作。

张颖是一个成功的商人。自从遇到艾滋孤儿，张颖的生活重心发生了改变。从2003年至今，她已经资助了292个艾滋孤儿。这些艾滋孤儿的生活、医疗和上学的费用都由张颖来承担。每个周末，张颖还会把他们组织在一起唱歌、做游戏、学英语，让他们感受到人间的关爱，努力走出艾滋的阴影。

高耀洁，一位退休医师，长期从事艾滋病防治的义务宣传，被媒体称为“民间抗艾第一人”。

李丹，抗艾志愿者，曾创办东珍艾滋孤儿学校。

朱进中，艾滋病毒携带者，但绝症并没有使他绝望，办起了专门收留艾滋孤儿关爱之家。

邓贝西，两年时间里他三次“艾滋孤儿”，为他们带去学习用品；他发并起成立了旨在关心救助“艾滋孤儿”的学生社团——“同一社”，意为：同一个世界，同一个希望，同一片蓝天（ONE WORLD，ONE HOPE）。邓贝西说：“我要告诉大家：不要吝啬自己给予他人的支持，哪怕是一句鼓励的话语，哪怕是一行安慰的字句，却不知将给对方产生多么大的作用。”

三、国际社会在努力

艾滋病在全球范围内迅速蔓延，逐渐成为全球关注的重要公共卫生事件和社会热点问题。多年来，国际社会为防治艾滋病做出了不懈努力，并取得积极进展。2008年7月，联合国艾滋病规划署发表的《2008年全球艾滋病疫情报告》指出，全球艾滋病防治在2007年首次出现了“明显的重要进展”，艾滋病病毒新感染人数和死亡人数都有所下降。

为防治艾滋病，我国政府十分重视加强国际合作。多年来，我国先后同世界卫生组织、联合国开发计划署、联合国艾滋病规划署等国际组织，以及许多国家开展了艾滋病防治合作，一些国际非政府组织也加入到中国的防治艾滋病的工作中来，在艾滋病的干预、治疗、宣传教育、研究开发抗艾药物等方面发挥了重要的作用。

人类社会与疾病斗争的历史经验证明，科学技术是艾滋病预防和控制的根本。战胜艾滋病必须依靠科学技术，必须运用科学的方法积极预防。在科学研究方面，我国引进了国外的先进经验和技术，注入了新的理念，培养了专业人才，对我国有效控制艾滋病的蔓延，发挥了重要作用。

艾滋病是一种病毒性疾病，又是一个慢性进行的消耗性疾病，国际社会为防治艾滋病也做出了不懈努力。从总的方面来说，当前艾滋病还是一个不可治愈的疾病，但机会性感染是可以治愈的，有些肿瘤是可以控制的，虽然病毒不可能完全从体内清除掉，国际社会的努力和科学研究成果都证明，积极地治疗可以延长患者的生命、改善患者的生活质量。

我们一定要坚信，集人类的智慧，借科学技术的翅膀，人类必将降伏艾滋病这个恶魔。

阅读空间

天堂里没有艾滋病

过去我和我周围的人只要提起艾滋病这三个字就会毛骨悚然，甚至觉得艾滋病人所到过的地方或所触摸过的东西都被沾上了一层可怕的病菌。然而当我这个中国女人，独自来到南部非洲莱索托国家的莫霍特隆省的塔巴姆村，真正走近艾滋病人，并与他们友好相处时才发现，艾滋病并非像我想象的那么可怕，而且在这个偏僻的小村庄里，虽然短短的两年中，就已死亡了 13 人，但在这里，人人都知道，艾滋病只是一种病，艾滋病人绝不是罪犯。

村里有个 41 岁的女人叫泰必斯，与丈夫莫哈里生有 5 个孩子，原本是个幸福的家庭，然而 6 年前泰必斯被查出患有艾滋病，终于卧床不起。之后，根据她的愿望，她被送回了出嫁前的娘家——塔巴姆村，得到了妈妈马布鲁果和看着她长大的邻居们的精心照料，而我也正是在此期间与她相识的。我曾几次来到她家，起初她总是挣扎着微微地抬起头，十分吃力地反复对我说："我想活，真想活，我不愿死，救救我吧！"之后，随着病情的加重，她陷入了极度的恐惧和痛苦之中。然而，村里的人们没有因为她患有艾滋病而遗弃她、远离她。在她从卧床到离开人世的 5 个多月里，人们一直陪护着她，给她关爱，当她的生命已处在垂危之际，人们为她请来了教堂的牧师，为她诵经和祈祷。这一天她终于吃了点早已不能吃的食物，之后，静静地闭上双眼，安详地离开了这个世界。11 天之后，村里有 800 多人参加了她的葬礼，尽管为她如此年轻的生命感到惋惜，但还是轻轻地在她的棺木填上了最后一锨土。他们告诉我："泰必斯只是个病人，而不是罪人，如果我们抛弃她，将她拒之门外，那我们将成为上帝不可饶恕的罪人。"

在这个大山深处的小村庄里，我看到了人与人如此真挚的情感，尽管人们对艾滋病了解甚少，也知道它是一种既传染又难以医治的疾病，但从他们与病人和谐相处中可以看出，这是一个注重情感的民族，他们没有更多的表白，也无须索求，只是默默地为病人做些什么，甚至在病人死后他们还不断地为她祈祷。

我们生活在一个有艾滋病的世界里，掌握艾滋病预防知识，理解、接纳艾滋病人，其实是在保护我们自己，保护我们的家人、后代。让我们从自己做起，从现在做起，去了解艾滋病，掌握防控艾滋病的方法，平等地善待艾滋病人和感染者，为他们营造一个友善、理解、健康的社会环境。只有这样，我们的社会会更和谐，生活会更舒畅、更自由。

法治教育篇

第1节 与法同行

“依法治国”“依法行政”“严格执法”“司法公正”，一个个与法律紧密相关的词语，频频回响在我们的耳畔；一部部与时代发展、社会进步同行的法律，表达了国家推进依法治国方略的坚定决心和信心。

一、法律伴随我成长

一个人自呱呱坠地成为我国公民起，就与法律结下了不解之缘。他既受到我国法律的保护，又受到我国法律的约束；既充分享有法律赋予的公民权利，又必须履行法律规定的公民义务。

一个人一出生，首先就享有法律规定的人身权利，以及获得父母抚养和教育的权利；从儿童、少年到青年，作为公民有接受义务教育的权利和义务；具备劳动能力时，有劳动的权利和义务；达到法定年龄，依法享有选举权和被选举权，有服兵役的义务，有登记结婚的权利，有赡养扶助父母的义务；公民在年老、疾病或者丧失劳动能力的情况下，有依法从国家和社会获得物质帮助的权利；在告别人世前，可根据法律规定立下遗嘱，将属于自己所有的合法财产转移给他人所有……

作为公民，我们的生活离不开法律。无论在家庭生活、学校生活或社会生活中，法律都与每个人的生活息息相关。可以说，法律伴随每个公民度过一生。

一个人总要吃饭、穿衣、购物。公民作为消费者在选购商品时，依法享有公平交易，人格尊严、民族风俗习惯得到尊重等权利。在现实生活中，公民之间因财产、婚姻等问题发生纠纷，可通过“打官司”的途径依法得到解决。公民的合法权益受到侵害时，可得到法律的保护和援助。公民一旦触犯了法律，实施了违法犯罪行为，还要依法承担相应的法律责任。

法，在我们生活当中，无处不在。它既是我们成长的保护神，也是我们生活的准则。因此，我们要自觉增强法律意识，用法律规范自己的行为，学会用法律武器进行维权。

二、学习法律，青少年人生的必修课

信息平台

对未成年人保护法了解情况

对预防未成年犯罪法了解情况

■非常了解 ■比较了解 □不太了解 □一点不了解

有关部门组织的“全国中学生知法、守法状况调查”表明：对《中华人民共和国未成年人保护法》非常了解的为4.1%，比较了解的20.6%，不太了解的24.5%，一点不了解的3.3%，有三分之一的中学生对这部法的知晓情况是基本不知道；对《中华人民共和国预防未成年人犯罪法》非常了解的为2.8%，比较了解的13.6%，不太了解、一点都不了解的47.5%，有一半的中学生对这部与自己息息相关的法律不知晓。

全国性的统计数据显示，近年来，青少年违法犯罪现象持续增加，而且有逐步低龄化的趋势。青少年犯罪问题已成为全社会关注的热点问题。

专家在线

青少年违法犯罪主要有如下特点：其一，由重“哥们儿”义气，走上违法犯罪的道路。一些青少年从武侠小说、影视剧里，学到“江湖义气”，遇到“不平”之事，拔刀或挥拳相助，逞自己的“义气”。其二，为了发泄心中的“怨恨”，铤而走险，孤注一掷。其三，互相感染，结伙作案。其四，享乐型的违法犯罪。一些青少年家庭经济状况并不好，却没有养成俭朴的生活作风，反而盲目跟潮流，讲究吃喝、打扮，喝酒、抽烟都会。盲目的高消费，必然要产生经济上的拮据，高消费欲望得不到满足，就可能产生偷和抢的念头，等等。

法律好比一艘大海上的船，在船上活动的空间是自由的。可一旦跨出了这艘船的底线，就会掉入海里——接受法律的惩罚！

从青少年违法犯罪的特点我们可以看到，青少年之所以走上违法犯罪，缺乏法律知识和法制观念淡薄是其中最主要的因素。

为了最大限度地预防和减少违法犯罪的发生，保护自身健康成长，青少年必须学习法律知识，懂得在社会生活中应该遵循的行为准则，养成自觉守法的良好习惯，做到法律允许做的才去做，法律不允许做的坚决不做，法律要求做的必须去做。这样，就能够有效地防止和避免违法犯罪。

案例聚焦

杨、张两名女学生到某商城购物，被该店保安人员怀疑偷拿了一瓶洗发水。两少女再三分辩抗争，亦无济于事，终被保安人员强行搜身。当保安人员未搜出任何东西时，竟恼羞成怒地打开电棒开关，使电棒不停地跳火，并威胁恐吓两少女："把东西放到哪去了？若不交出来，就不客气了！"保安人员将她们扣留了一个多小时，才让她们离开商城。

在现实生活中，由于种种原因，侵害公民合法权益的事难免会发生。如：被楼上掉下的花瓶打伤；购买了假冒伪劣商品造成人身伤害或经济损失；公司拖欠工资；工伤得不到赔偿……

受到了不法侵害时正确的方法是运用法律手段维护自己的合法权益。可是，如果我们不了解自己享有哪些法定权利，不懂得如何运用法律手段维护自己的合法权益，那么，在侵害行为面前就会无能为力。为此，青少年必须认真学习法律知识，树立依法维护自身合法权益的观念，提高依法维护自身合法权益的能力。这样，才能确保自身的合法权益不受侵害，才能在法治社会里生存与发展。

当今社会，是一个法治社会，青少年是祖国的未来、民族的希望，是社会主义现代化事业的建设者和接班人。所以法制教育是青少年人生的一门必修课。青少年要通过学习，提高法律素质，崇尚法律，做知法、懂法、守法用法的好公民。

第2节 法律探微

社会生活是复杂的、多方面的，因而用来约束、调整人们行为的规范也是多种多样的。正常的社会生活秩序，不仅需要纪律、守则、道德规范等行为规范来维护，更需要特殊的行为规范——法律的保障。

一、法律——特殊的行为规范

信息平台

法的汉语古体字为“灋”，它由水、廌(zhì)、去三部分组成。“水”表示公平，平之如水。“廌”是传说中一种长相像牛的独角兽，它生性正直，具有明察善恶、辨别是非的本领，古时断案以被廌角触的一方为败诉，败诉者要去之，受到处罚。“去”指的就是惩处。从“灋”的字源来看，一方面它含有公平、正义之意，另一方面又同惩罚联系在一起。“灋”后来简化为“法”。

《说文解字》对“律”的解释是：“律，均布也。”均布，是古代用竹管或金属管制成的定音仪器。这说明“律”义为尺度，具有提供准则使天下齐一的效用。

总之，法和律都有公平、正义和普遍划一的意思，是统一人们行为的规范。

自古至今，人类从来没有停止过对公平、正义的追求，法产生以后，人类以法作为一种判断是非曲直的标准。

法律不同于道德、纪律、章程等，它是一种特殊的行为规范，具有国家强制性和普遍约束力等特征。

法律是由国家制定或认可的。国家制定或认可是国家创制法律的两种形式。国家制定法律，是指国家的立法机关依照一定的立法程序制定、修改和废止法律。国家认可法律，是指国家的立法机关根据实际需要，对社会上早已存在的某些风俗习惯、道德规则、宗教教规等加以确认，赋予其法律效力，使之成为法律。

信息平台

在我国，全国人民代表大会及其常务委员会是国家的立法机关，行使国家的立法权。我国全国人民代表大会及其常务委员会，按照一定的立法程序，依据宪法，直接创制刑法、民法通则、义务教育法、国家安全法等法律。这些法律鲜明地反映了广大人民的意志。

法律是由国家强制力保证实施的。道德行为规范主要是靠社会舆论、习俗和人们信念的力量予以维护的。法律行为规范是靠国家强制力保证实施的。国家强制力主要指通过军队、警察、法庭、监狱等物质形态体现出来的国家暴力。

> 如果没有能够迫使人们遵守法律规范的机构，法师也就等于零。
>
> ——［俄］列宁

案例聚焦

刘某以“做生意”为名向林某借走10万元现金，答应一个月后偿还。一个月过后，林某多次向刘某讨债，刘某总是借故不还。一天，林某又去刘家讨债，刘妻以“辨认欠条”为名将欠条骗到手后当即撕掉，并将林痛打一顿。林某把写有“讨债不成，反被痛打，天理何在？”的牌子挂在胸前，站在大街上鸣冤。好心群众见此情景，建议她到法院状告刘某。

县人民法院依法受理了此案并迅速开庭予以审理。在法律的强大威慑下，刘某不得不承认向林某借款未还的事实，并在限期内偿还了10万元借款和利息，同时承担了本案全部诉讼费用。

事实说明，只有以国家强制力做后盾，才能有效地解决社会成员之间产生的纠纷，维护法律的尊严和社会的稳定。依靠国家强制力对触犯法律的人予以制裁，是实施法律的必要措施和重要保证。

法律对全体社会成员具有普遍约束力。主要表现在：第一，任何人不论职位高低、功劳大小，都必须严格遵守国家的法律，依法规范自己的行为，不允许特殊人物存在；第二，任何人无论职位高低、功劳大小，一旦触犯了国家法律，都要受到法律的制裁，不允许任何人超越于法律之上。

> 中华人民共和国公民在法律面前一律平等。
>
> ——《中华人民共和国宪法》

二、法律的作用

我国现行的法律数量很多，内容广泛，涉及我们生活的各个领域。可以说，国家和社会生活中的绝大多数领域都已纳入法律的调整范围。

法律用规定权利和义务的方式，规范人们的行为。法律规定人们享有什么权利、应该履行什么义务，并对侵犯他人权利和不履行义务的行为予以制裁。

专家在线

法律权利是指法律赋予人们的某种利益或行为自由。法律义务是指法律上规定人们必须履行的某种责任或行为界限。

法律规定人们在一定情况下可以做什么的模式，就是关于权利的规定，即人们有做出某种行为的自由。法律规定的人们在一定情况下应当做什么或不应当做什么的模式，就是关于义务的规定，即人们必须做或不做某种行为的责任。所以，法作为一种行为规范，要求人们既要依法行使权利，又要依法履行义务。

法律具有协调人与人之间的关系、解决人与人之间纠纷或矛盾的作用。在社会生活中，由于各种原因难免产生这样或那样的矛盾和纠纷。有些矛盾和纠纷可以通过双方协商、他人或组织调解的方式解决，但是一些个人与他人或集体之间的重要利益的纠纷，涉嫌违法的纠纷，就必须通过法律的途径来解决。

活动天地

周童和王晓兵两人合伙做生意，周童出资 20 万元，不具体参与经营，王晓兵出资 10 万元，具体负责经营。一年后盈利 10 万元。但是，在如何分配利润的问题上，两人产生了矛盾，双方多次协商没有达成一致意见。经他人多次调解，仍然没有结果。

事　件	解决纠纷的方法	是否必须通过法律途径解决	效　果

请以小组为单位探究：

1. 双方可以通过什么方式或手段解决这种纠纷？

2. 收集有关事例，探讨解决纠纷的各种方法及其效果，区别不必通过法律途径解决的与必须通过法律途径解决的纠纷。

法律具有制裁违法犯罪行为的功能。法律通过制裁违法犯罪来保护公民的合法权益，保障社会生活的有序与和谐。

15 岁的于某到北京某公司工作，工作中左臂被卷入车间机器内。经鉴定：达到职工工伤与职业病致残程度鉴定标准伤残四级，公司以于某入厂时虚报年龄，称其当时并不知道于某不满 16 周岁，且于某因违规串岗导致受伤，其对事故发生有重大过错，不同意承担赔偿责任。于某诉至法院，要求公司赔偿生活费、护理费、住院伙食补助费、假肢费、交通费、住宿费、误工费、鉴定费、门诊治疗费、一次性伤残赔偿金等共计 1142644 元。法院审理后，依照国务院《禁止使用童工规定》中关于“用人单位不得招用不满 16 岁的未成年人，且用人单位招用人员时，必须核查被招用人员的身份证，对不满 16 周岁的未成年人一律不得录用；录用童工伤残的，用人单位应当一次性对伤残童工给予赔偿”的规定，判决：公司违反法律规定雇用未成年的于某入厂做工，现于某在该公司受伤致残，公司应赔偿于某生活费、治疗费、鉴定费、一次性赔偿金、残疾辅助器具等费用，共计 56 万元。

我国法律坚持惩罚违法犯罪与保障人权并重。近年来，我国执法机关重视解决影响社会和谐稳定的突出问题，依法打击各类刑事犯罪。突出打击危害国家安全犯罪，严重暴力犯罪和抢劫、抢夺、盗窃等多发性侵财犯罪。积极进行打黑除恶专项斗争和“扫黄打非”、打击电信诈骗、禁毒等专项行动，集中整治城乡接合部等重点地区，保障人民群众生命财产安全，全力维护社会和谐稳定。

2016 年，我国积极推进平安中国建设，紧紧抓住影响国家安全和社会稳定的突出问题，坚决维护国家安全，严惩严重刑事犯罪，电信网络诈骗犯罪，切实维护校园安全，依法惩治涉医犯罪，维护国家和社会秩序。全年共批准逮捕各类刑事犯罪嫌疑人 828618 人、提起公诉 1402463 人。

2013 年至 2015 年，全国各级人民法院共新收各类执行案件 1013.22 万件，执结 944.02 万件；执行到位的金额 32861.82 亿元。三年执结案件中，诉讼类执行案件 822.12 万件，其中，民商事执行案件 783 万件；刑事执行案件 36.56 万件；行政执行案件 2.56 万件。非诉讼类执行案件 121.89 万件，其中，行政非诉审查类案件 49.27 万件；仲裁执行案件 46.68 万件；公证债权文书执行案件 8.27 万件；司法协助与其他执行案件 17.67 万件，为实现产生法律效力的司法裁判、保护当事人合法权益、促进经济发展、维护法治权威发挥了应有作用。

总之，法律是国家制定并由国家强制力保证实施的行为规范，它体现了广大人民的根本利益和共同意志。它用规定法律上的权利和义务的方式，规范人民的行为；通过制裁违法犯罪，维护社会稳定，保障社会主义建设事业和谐发展。

法律永远是社会最高的权威。

——［英］弥尔顿

法律就是秩序。

——［古希腊］亚里士多德

第3节　依法治国

一、依法治国是我国治理国家的基本方略

没有规矩，不成方圆，如同下棋、打球要讲规则一样，国家的治理也需要规则。依法治国就是广大人民群众在党的领导下，依照宪法和法律规定，通过各种形式和途径管理国家事务，管理经济文化事业，管理社会事务，保证国家各项工作都依法进行，逐步实现社会主义民主的制度化、法制化。依法治国、建设社会主义法治国家，是我党领导人民治理国家的基本方略。

信息平台

2014年10月23日，中国共产党第十八届四中全会通过了《中共中央关于全面推进依法治国若干重大问题的决定》。明确提出，全面推进依法治国，总目标是建设中国特色社会主义法治体系，建设社会主义法治国家。这就是，在中国共产党领导下，坚持中国特色社会主义制度，贯彻中国特色社会主义法治理论，形成完备的法律规范体系、高效的法治实施体系、严密的法治监督体系、有力的法治保障体系，形成完善的党内法规体系，坚持依法治国、依法执政、依法行政共同推进，坚持法治国家、法治政府、法治社会一体建设，实现科学立法、严格执法、公正司法、全民守法，促进国家治理体系和治理能力现代化。

全面推进依法治国五个体系

- ★ 完备的法律规范体系
- ★ 高效的法治实施体系
- ★ 严密的法治监督体系
- ★ 有力的法治保障体系
- ★ 完善的党内法规体系

全面推进依法治国六项重大任务

- ★ 完善以宪法为核心的中国特色社会主义法律体系，加强宪法实施
- ★ 深入推进依法行政，加快建设法治政府
- ★ 保证公正司法，提高司法公信力
- ★ 增强全民法治观念，推进法治社会建设
- ★ 加强法治工作队伍建设
- ★ 加强和改进党对全面推进依法治国的领导

依法治国是社会文明的重要标志。一个现代化的社会，必然是一个法制完备的社会。世界各国现代化发展的经验表明，现代化应该是物质文明、政治文明、精神文明和生态文明的完美统一。离开了法制建设的现代化，国家的现代化建设就没有可靠保证。

依法治国是国家长治久安的重要保证。我们的生活离不开法律，国家的治理也离不开法律。无数事实表明，法令行则国治国兴，法令弛则国乱国衰。维护国家的长治久安，最有效、最可靠的办法是实行法治。

法律是正义之火！法律是和谐之基、文明之花，有了法律社会才能发展进步；法律是实践之果，有了法律国家才能长治久安。

二、实施依法治国方略的基本要求

落实依法治国基本方略，加快建设社会主义法治国家，必须全面推进科学立法、严格执法、公正司法、全民守法进程。

科学立法。科学立法是指在立法过程中要尊重和体现规律。科学立法是依法治国、建设法治中国的前提和基础。科学立法对于提高立法质量，完善中国特色社会主义法律体系，保障法治中国建设顺利进行，具有十分重要的意义。

信息平台

2011年3月10日，我国向全世界庄严宣布：中国特色的社会主义法律体系正式形成。自改革开放以来，经过30多年的不懈努力和不断摸索，我国的立法工作取得了显著的成绩。具体而言，从立法机制角度讲，从过去单一的立法，到目前的立（制定新法）、改（对现行法律的修改）、废（对过时法律的清理和废止）、编（以法律法规清理为主要内容的法律编纂）、释（对法律的解释）、备（对人大以外制定规范性文件的备案审查）等多管齐下，机制不断完善；从文本数量上讲，国家和社会生活中的绝大多数领域都已纳入法律的调整范围；从门类上讲，

我国2010年基本形成较为完善的法律体系

中国当前在法律体系建设方面的目标是

到2010年，基本形成较为完善的法律体系

包括七个方面

宪法及宪法相关法	是保障公民权利、规范国家权力行使的根本依据
民商法	是市场经济的法律形式
行政法	是有关行政管理的法律，是中国依法行政的重要依据
经济法	是通过国家适度干预经济，维护和保障市场经济秩序的法律
社会法	是保障劳动者以及失业、丧失劳动能力者等弱势群体利益的法律
刑法	是关于犯罪和刑罚的法律
诉讼和非诉讼法	对维护社会公平和正义意义重大

上述法律法规涵盖了宪法及相关法、行政法、民商法、经济法、社会法、刑法、程序法等各种法律部门；就法律形式来看，法律、行政法规、地方性法规、法律解释，多种形式齐备，并正在形成一个体系；从立法经验和技术方面讲，我国现行的法律法规已完成了由最初的宜粗不宜细到目前的精益求精的转变，而且还注意到了中国国情与世界经验的合理兼顾；从价值取向上讲，我国的法律体系已初步完成了从义务到权利、从效率到公平、从控制到保护的转型。

所以，今天我们党在“有法可依”的基础上，提出了“科学立法”，这是一个重大的提升。“有法可依”重在解决法律法规的“有无”和“数量”问题，“科学立法”重在解决法律法规的“好坏”和“质量”问题。从“有法可依”到“科学立法”，是我们党鉴于中国特色社会主义法律体系已经形成的现状，所作出的立法工作重点的重大调整，标志着我国立法工作已开始了从“数量型”向“质量型”的转变。

科学立法是中国法治发展的新要求，是中国社会发展的新期待。党的十八届四中全会提出：“法律是治国之重器，良法是善治之前提。”如果立法先天不足，存在质量问题，执法、司法、守法就不可避免地出现问题，甚至引起不良后果。没有科学立法，严格执法、公正司法、全民守法就失去了依据，就没有科学的法治中国建设。立法不科学，法与法之间相互冲突，就无以保持法制的统一性；立法不科学，不符合客观规律和实际情况，法律制度就无法达成预期的调控社会的目标。

古人云：“立善法于天下，则天下治；立善法于一国，则一国治。”亚里士多德说：“法治应包含两重意义：已成立的法律获得普遍的服从，而大家所服从的法律又应该本身是制定良好的法律。”讲的都是立法要立良好的法律。

严格执法。严格执法要求在执行法规或掌握标准时不放松、不走样，做到严厉、公平、公正。

严格执法体现在两个方面：一是要求执法人员必须秉公执法，严肃执法，严格按照法律规定和程序办案，真正做到以事实为依据，以法律为准绳；二是要求执法人员必须尽职尽责，对发生的违法行为敢于纠正并依法处罚，不搞“态度执法”“关系执法”“人情执法”，做到见违必纠，纠违必罚，处罚有据。

建设法治政府，必须严格执法。行政机关是执法的重要主体。在我国，大约80%的法律、90%的地方性法规和几乎所有的行政法规的执法工作都是由行政机关来承担的。各级政府能否切实做到严格执法，体现国家法治文明的程度，关系法治中国建设的成效。

当前，行政执法过程中还存在不少问题，有法不依、执法不严、违法不究现象比较突出，执法不规范、不文明，不作为、不勇为、乱作为现象时有发生。

一段时间以来，“权力清单”频频进入公众视野，成为社会热词。2014年6月，浙江省在其政务服务网站上“晒”出42个省级部门的4236项行政权力，成为全国首个在网上完整晒出省级部门权力清单的省份。目前，国务院各部门已向社会公开全部行政审批事项清单，各省级、市级、县级权力清单正在陆续公布，受到了社会广泛关注。

执法严格才有震慑力，通过严格执法确保法律威严，营造严肃的执法环境，才能真正培育全社会的文明意识，打造更为健康有序、和谐向上的生活环境。

依法行政，建设法治政府，是我国政府的庄严承诺。我国政府能否依法行政，与人们的生活关系密切。比如：在学校读书，学校的许多事情由教育行政部门管理；毕业以后就业，要与劳动就业部门打交道；从事工商活动，领取营业执照，要去工商税务机关，等等。家乡的政府部门及其工作人员是否依法行政？让我们来了解、评判一下。

满意的方面：____________________

不满意的方面：____________________

将同学们的意见收集起来，试着向有关部门反映，提出合理的建议。

公正司法。司法公正的基本内涵是在司法活动的过程和结果中体现公平、平等、正当、正义的精神。司法公正是法律的自身要求，也是依法治国的要求，是社会公平正义的最后一道防线。司法公正与否是现代社会政治民主、进步的重要标志，也是现代国家经济发展和社会稳定的重要保证。司法公正对社会公正具有重要引领作用，司法不公对社会公正具有致命破坏作用。

> 努力让人民群众在每一个司法案件中都感受到公平正义，决不能让不公正的审判伤害人民群众感情，损害人民群众权益。
>
> ——习近平
>
> 一次不公的裁判比多次不平的举动为祸尤烈。因为这些不平的举动不过弄脏了水流，而不公的裁判则把水源败坏了。
>
> ——［英］培根

案例聚焦

春秋时期的晋国有一个司法官叫李离，有一次他错判了一个案子，错杀了一个人。按照当时的法律，错判者也要被处以死刑。晋国国君认为，李离是大臣，担负着国家的重任，打算赦免他。但李离认为，不能因为自己是大官，就可以不依法办事，那样法律就难以得到老百姓的信任和遵从。于是，他拔剑自杀了。

法律面前人人平等，任何组织和个人都不能凌驾于法律之上、享有超越于法律之上的特权。所有公民，不论国家公职人员，还是普通群众，只要违反法律，就应依法受到处罚。执法机关对于任何公民在适用法律上一律平等。这是不附加任何条件的。

信息平台

一个学生问法学教授，怎样才能成为一名公正的法官。

教授说：“我很忙，你先替我去办一件事。我要做一件衣服，你去布店给我买块布料。记住，那老板最爱缺尺短寸，因此要自己量布，千万别让那老板量布。你回来后，我告诉你问题的答案。”

学生很快把事情办妥。教授用尺子量布，发现多了3寸，就问学生：“你多买了3寸？”

学生说：“没有多买！我怕你吃亏，量布的时候手非常松。”

教授严肃地说：“这就是答案。法律是一把尺子，如果你不能公正地测量，你就不会是一个好法官。”

全民守法。全民守法，让法治的力量深入人心，正在逐渐成为一种现实。只有知法、懂法，才能谈得上尊法、守法。我国自1986年开始，全民普法教育规划已走过30年，现在已进入“七五”普法规划。近年来，各级司法行政机关通过大力加强普法宣传教育，采取群众喜闻乐见的形式，努力营造学法、尊法、守法、用法的法治环境。当前，全体公民的宪法观念和法治意识明显增强、自觉学法、守法、用法的社会氛围已然形成。

信息平台

2012年开始，成都市率先在全国建立以“人人讲法·共建和谐”为主题的“法治大讲堂”：司法行政机关在村（社区）建立法律服务工作室；法院推行市民旁听审判、坝坝法庭、车载法庭；检察院建立乡镇检察室、农村茶馆法制课堂示范点；公安机关开展相约警务室、派出所所长进校园等主题法制宣传。成都市司法局的同志们说：“上门讲法、以案释法、包村援法，群众成了‘法治大讲堂’的主角。”

一些地方开始探索新媒体时代普法新模式。全国司法行政系统官方普法微博、微信已有数千个，通过微博、微信可以瞬间将信息传播给所有“粉丝”， 速度快，互动性强，让法律服务更符合民意。

法律的威严靠人民来维护，人民的权益靠法律来保障。普法，改变着每一个人的生活，百姓逐渐从通过信访“讨说法”到拿起法律武器“讨说法”。“不找领导找法律”，愈来愈多的群众通过法律途径表达利益诉求，全民的法律素质有了明显提高。

案例聚焦

湖南省长沙市雨花区一小区因城市改造需要拆迁，区委和区政府组织律师、人民调解员、公证员等，组成拆迁政策法规宣传小分队，挨家挨户有针对性地开展法律宣传，提供法律服务，调解纠纷，赢得了拆迁居民的理解和支持。拆迁涉及几千户居民，没有发生一起集体上访事件。小区居民说：“过去为了多争些拆迁补偿款，总喜欢到政府闹，如今通过法制宣传教育，学会了用合法手段表达利益诉求！”

作为国家公民，我们每个人都不能只想着个人眼前的利益，有责任以实际行动做一名遵纪守法的合格公民，为社会创造一个好的守法氛围。这样，法律维护公民利益的作用就会慢慢地彰显出来，这个社会才能成为一个和谐温馨、快乐幸福的社会。

第4节　维权有路

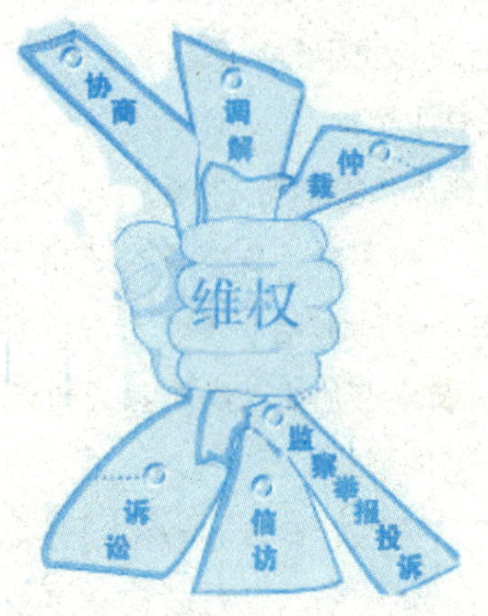

现实生活中，人们的权益受到侵害的事件时有发生。当我们的合法权益受到侵害时，我们要学会用正当的方式维护自己的合法权益。维护合法权益，可以向政府有关部门、司法机关、社会团体和各种组织反映问题、投诉，寻求帮助；通过调解、仲裁等方式维护权益；也可以依法通过诉讼来解决。无论维权的道路如何艰难，都要相信法律最终会给出公平、公正的答案。

一、善用诉讼权利

诉讼，俗称打官司，可分为刑事诉讼、民事诉讼和行政诉讼三种。不同的案件适用不同的诉讼程序。诉讼是维护我们合法权益的有效手段，它不仅可以维护自己的合法权益，还有利于社会秩序的稳定和社会的发展。

14 岁的少年庄某到体育中心游泳馆游泳。当他从池边往水深仅有 1.3 米的池内跳水时被摔伤，经诊断为颈椎骨折脱位，完全性脊髓损伤。庄某由其父母代理，将游泳馆告上法庭。

法院审理认为：被告游泳馆在设施及管理上存在问题，应对这起伤残事件承担主要责任，承担连带赔偿责任。法院判决游泳馆赔偿受害人各种费用共计 74 万余元。

当公民的民事权利受到侵害，或与他人或单位发生民事纠纷时，可以到人民法院提起民事诉讼，请求民事赔偿，以切实保护自己的合法权益。

在社会生活的各个领域，常有犯罪案件发生。如果公民的权益受到犯罪行为侵犯，公民则可以通过司法机关提起刑事诉讼，维护自己的权利，打击犯罪行为。

我国刑法规定了对故意杀人、故意伤害及虐待等犯罪的刑事责任。当公民的权益受到严重侵害时，公民要勇敢地向司法机关提起诉讼，打击犯罪。这样做，不仅维护了自己的合法权益，也维护了法律的尊严、社会的稳定。

专家在线

有些受到伤害的当事人不是运用法律手段“公断”，而是用“私了”的方式解决。“私了”现象严重地损害了当事人的合法权益，纵容了犯罪，践踏了法律的尊严，破坏了法律秩序。

作为犯罪行为的受害者，因被告人的犯罪行为而遭受物质损失的，在刑事诉讼过程中，有权提起附带民事诉讼，以获得物质及精神损失赔偿。

专家在线

刑事附带民事诉讼是指在刑事诉讼过程中，被害人由于被告人的犯罪行为而遭受物质损失，或者提起公诉的人民检察院因国家、集体财产由于被告人的犯罪行为而遭受损失，附带提出要求被告人赔偿损失的诉讼。

依法行政，建设法治社会，是我国政府的庄严承诺。当我们认为自己的合法权益被有关行政机关的具体行政行为侵犯时，我们可以提起行政诉讼。

案例聚焦

2003年6月，张某参加了某市公务员招聘考试，并在30名考生中名列第一。但因为他是乙肝病毒携带者而被取消录取资格。张某一纸诉状把该市人事局告上法庭。这场官司因此被媒体称作“乙肝歧视第一案”。法院审判认为，被告取消原告录取资格的行政行为，证据不足，应撤销。张某胜诉。

为了维护自己的合法权益，我们可以聘请律师作为自己的辩护人或者代理人，律师可以用自己的知识和经验，依法维护我们的权益。

信息平台

聘请律师“五要”

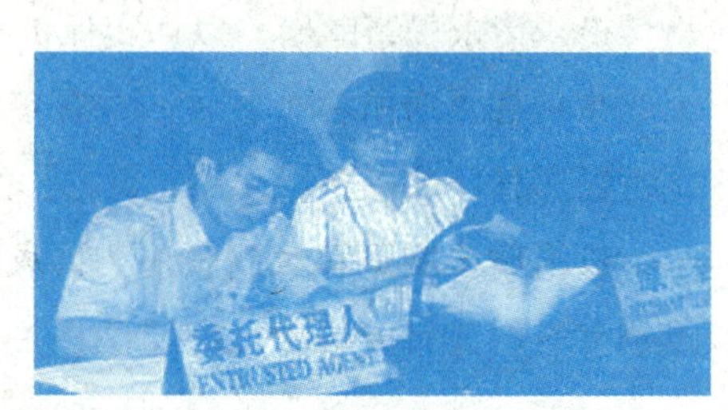

一要审查资格，看其是否有律师执业证书。

二要到律师事务所了解律师所在的执业机构。

三要签订书面协议，明确双方的权利义务；特别是律师聘请费用，要在协议上写清楚，并在付款时要求出具收据。

四要授权明确。授权人是有责任承担授权不明产生的法律后果的。

五要慎重付款。如果律师索要规定费用以外的所谓活动费等，一定要加以拒绝。

二、正当防卫和紧急避险

当我们的人身安全遭遇侵犯时，要机智选择最有利于自己人身安全的措施来保护自己；必要时，可以采取正当防卫和紧急避险的方式，使自己免遭侵害。

职高女生曹某，在一次学校放假期间，其他同学都回家了，宿舍里只剩下她一个人。半夜里，她突然察觉有动静，睁眼一看，见有人向她床边摸来，紧接着对她动手动脚。她拼命反抗，可那人不仅不收敛，还动手脱她的衣服。情急之中，曹某猛咬了对方的手臂。“哎哟”一声，对方把她松开了。她趁机抓起桌上的一把水果刀，朝那个人刺去，然后惊慌地跑出宿舍报警。赶来的学校保卫人员发现一个男子倒在宿舍的地上。

公安机关经了解和侦查后，认为曹某为使自己的人身权利免受不法侵害，造成对方受伤，属于正当防卫。

正当防卫是法律赋予我们每个公民的权利，也是公民道义上的义务。当我们的人身、财产和其他权利遭受正在进行的不法侵害时，我们可以机智勇敢地实施正当防卫。这样，不仅有利于制止不法侵害，维护自己的生命健康权益，而且有利于弘扬正气和有效地打击不法侵害行为。

正当防卫是为了及时有效地保护公民的合法权益而授予每一个公民制止正在进行的不法侵害的权利，它有严格的定义。遭到不法侵害，就无限度地、不择手段地实施防卫，这是法律所不允许的。

《中华人民共和国刑法》正当防卫的规定

第二十条 为了使国家、公共利益、本人或者他人的人身、财产和其他权利免受正在进行的不法侵害，而采取的制止不法侵害的行为，对不法侵害人造成损害的，属于正当防卫，不负刑事责任。

正当防卫明显超过必要限度造成重大损害的，应当负刑事责任，但是应当减轻或者免除处罚。

对正在进行行凶、杀人、抢劫、强奸、绑架以及其他严重危及人身安全的暴力犯罪，采取防卫行为，造成不法侵害人伤亡的，不属于防卫过当，不负刑事责任。

第二十一条 为了使国家、公共利益、本人或者他人的人身、财产和其他权利免受正在发生的危险，不得已采取的紧急避险行为，造成损害的，不负刑事责任。

紧急避险超过必要限度造成不应有的损害的，应当负刑事责任，但是应当减轻或者免除处罚。

当危害生命健康的事件正在发生，并且没有其他办法可以避免危险发生的紧急情况下，我们可以紧急避险，以损失较小的合法权益来保护我们的生命健康。

某风景区游人众多，热闹非凡。小郑兴致勃勃地爬上山顶，正当他欣赏风光时，身边一个青年人情急之中猛然抓住他的外衣，才没有掉下悬崖，而小郑所穿的一件价值1200元的衣服被撕破。经询问才知道，撕破小郑衣服的青年小彭在与同伴小李互相追逐打闹时，因被小李猛推，为了避免掉下悬崖，抓住了小郑的衣服。事后，小郑要求小彭赔偿衣服，小彭以不是故意为由拒绝赔偿。小郑遂向法院起诉。法院认为，这是因紧急避险造成损害的案件，小彭紧急避险无过错，不应承担责任，应由引起险情的小李赔偿小郑的损失。

急避险行为与正当防卫行为的不同

1. 引发点不同。正当防卫行为都是由不法侵害引发的；而紧急避险行为的险情既可能是自然原因引起的，也可能是由不法侵害引起的。

2. 产生的后果不同。正当防卫的结果是对不法侵害人造成损害；而紧急避险，是指行为人在遭到紧急危难的情况下，不得已而采取牺牲较小的利益而救护较大的合法权益的行为，其结果一般是对第三人造成损害。

第5节 做守法公民

“国无法而不治，民无法而不立。”我们作为现代法治社会的合格公民，需要具备良好的法律意识和法律素质，要从生活点滴做起，做守法公民。

一、守法光荣，违法可耻

没有规矩，不成方圆。在日常生活中，规矩无处不在。法律也是一种规矩，有了这种规矩，我们才能融入社会，我们的权益才能得到保护。法律既是对我们行为的约束，也是对我们权益的保护。如果没有法律的规范和约束，国家和社会的各项秩序就无从保证，我们生存和发展的环境就会遭到破坏，我们的生命和财产等各项权益也会受到威胁。

案例聚焦

有一次，周恩来总理坐车去开会，司机违反了交通规则，车被交警拦住。交警要求司机下车，对司机进行批评教育。眼看开会时间就要到了，随行人员急了，想去和交警说明情况。这时，周总理严厉地制止道：“这怎么行！法律法规是政府颁布的，政府总理应该带头遵守。总理不守法，便是带头破坏法制。”周总理带头遵纪守法，赢得了人们的尊重和爱戴。

遵纪守法是每个公民应具备的基本素质，一个人能自觉遵守法律，是具有良好道德品质和道德风尚的表现，也会赢得他人和社会的尊重，促进自己的人生发展。

遵守法律有利于维护公正、合理的社会秩序，有利于自我健康成长，因而，遵守法律既是对他人生命的尊重，也是对自己生命的关爱，是光荣的行为，我们理应以遵守法律为荣。

案例聚焦

一天晚上，某市120急救中心在1小时内接到了100多个骚扰电话，严重干扰了正常的紧急救护。第二天晚上依然如此，几位重症病人因为急救电话打不进而错失抢救时机。经过调查，骚扰电话是从该市一所中学的学生寝室里打出的。原来，这个寝室的学生在晚自习后无所事事，便打紧急号码来消遣。公安部门对有关学生进行了教育和处罚。

违法行为会破坏正常的社会秩序，危害他人的生命和健康，不仅会受到人们的谴责，也要受到必要的惩罚和制裁。

违法犯罪行为不但给社会和他人带来危害，而且会影响自己的家庭，在亲人的心中造成难以抚平的创伤。

案例聚焦

小刘驾车闯红灯，被交警拦住。小刘拒绝了交警的处罚，并下车将交警一把推开，行为粗暴。事后，小刘因妨碍执行公务被拘留。这一事件通过媒体曝光后，广大市民纷纷对小刘的行为表示谴责，单位也把他辞退了。虽然他后来通过媒体向那名交警表示道歉，但很长一段时间还是没有单位愿意聘任他。小刘因一次闯红灯而付出了巨大的代价。

对一个被羁押的人来说，自由是最宝贵的；对一个行将被处死的人来说，生命是最宝贵的。我刚满18岁，绚丽年华因罪恶不得不随风而逝。回想过去，自己玩世不恭，给社会造成极大危害，对人民犯下弥天大罪，给家庭带来无尽痛苦……假若再给我一次机会，我一定遵纪守法，重新做人！

——一个死囚的绝笔

“以前自己廉洁自律，心底无私，工作顺心，家人团圆，上贤下孝，既有事业成功的欣慰，又可尽享天伦之乐，其心坦荡荡，其情乐融融，现在回想起来多么幸福啊！而自从走上了腐败的道路，不仅自己身败名裂，而且使家庭变得支离破碎，给亲人带来了痛苦。我的罪孽对家庭的影响是致命的。”

——一个死囚的忏悔

违法行为不但会危害他人，而且也会危害自己。一些人因为违法而改变了自己的人生道路，葬送了自己的前途，真是“一失足成千古恨”！

违法乱纪扰乱正常的社会秩序，影响自己、家庭和他人的生活幸福与生命安全，因而是可耻的行为，我们应当以违法为耻。

二、防微杜渐，预防违法犯罪

遵守法律，必须从生活点滴做起。我们必须纠正日常生活中的不良行为，因为不良行为极有可能成为违法犯罪行为的直接诱因或导火线。我们要远离不良行为，并努力改掉自己已有的不良行为习惯，做遵守法律的合格公民。

案例聚焦

某校为加强法制教育，组织学生到少管所与少年犯对话。下面是某同学与一名少年犯的对话摘录。

问：请问你今年多大年龄？之前的身份是什么？

答：16周岁，之前是某中学的一名高一学生。

问：你是怎样一步步走上违法犯罪的道路的？

答：经常逃学，结交社会不良青年，伙同他们小偷小摸，不听老师和父母的教导。后因多次参加抢劫，被判处有期徒刑一年零六个月。

问：出去之后，你想干些什么？

答：上学，好好读书。

问：你最想对我们说的话是什么？

答：只有守法，才有自由。

一个人的行为，久而久之会成为一种习惯；一种习惯，久而久之会形成一种性格；一种性格，久而久之会成就一种命运。一个人的命运不是偶然降临的，而是行为的必然。冰冻三尺，非一日之寒，以善小而不为，以恶小而为之，积小恶成大恶，最终必然自食恶果。

活动天地

查一查：《中华人民共和国预防未成年人犯罪法》中规定了未成年人的哪些行为属于不良行为？说一说：你有不良行为吗？如果有，你将怎样改正？

我们要遵守法律的规定，接受社会和家庭的监督，听从老师和家长的教导，严格要求自己，自觉抵制违法行为，这是和谐、文明社会对每一个公民的基本要求。多一点遵守法律的光荣感，少一点有法不依的行为；多一点违法的耻辱感，少一点违法的侥幸心。

信息平台

古希腊雅典的“当权者”以对神不敬等罪名逮捕了苏格拉底，并判处他极刑。临刑前，他的弟子们决定帮他越狱，但被他拒绝了，他说：“我的信仰中有一条就是法律的权威。既然法律判处我极刑，作为一个公民，我必须遵守。”苏格拉底最终带着对法律的忠诚含笑离开了人世，他的思想对后世的西方哲学产生了极大的影响。

三、做守法公民

在现代社会里，法律是人们共同信守的契约，是人们必须共同遵守的规则。遵守法律，具备良好的法律素质是现代公民的基本素养。

做守法公民，要具备良好的法律意识和法律素质。

尊重法律，追求公正。公平和正义是人类追求的永恒的理想。法律体现着国家和人民的意志，代表着国家和人民的利益，是公平和正义的象征。尊重法律是富有正义感、追求公平的具体表现。

依法行使权利。我国法律赋予了公民享有广泛的权利和自由。法律所确认的公民的合法权利，要经过公民做出或不做出某种行为来实现，我们要积极维护自己的合法权利。

随着我国法制建设的深入和法律制度的逐步完善，公民依法维护权利的意识不断增强。我们时常可以看到诸如“民告官”、消费者维权诉讼之类的案例。

我国公民对国家机关和国家工作人员，有提出批评和建议的权利。公民行使这一权利，可以采取合法的方式，如通过人大代表提出议案，通过新闻媒介公开发表意见，向有关部门写信或打电话反映，向有关人员当面陈述等。而不能采用聚众闹事等非法方式。

我国公民有婚姻自由，但结婚必须具备法定的条件，还须按照法律规定进行登记。如果私自同居，或以结婚仪式代替结婚登记，这是非法的婚姻，不受法律的保护。

集会、游行、示威是我国宪法确认的一项公民权利，公民行使这一权利必须按照有关法律规定进行。我国集会游行示威法规定：举行集会、游行、示威必须依法向主管机关提出申请并获得许可；应当按照许可的目的、方式、标语、口号、起止时间、地点、路线及其他事项进行等。

从事工商业个体经营是公民的权利，享受这项权利要持相关证明材料，向所在地县以上工商行政管理机关申请登记，经核准登记，取得营业执照后，方可营业。

公民在行使自由和权利的时候，要依法行事，不得损害国家、社会、集体的利益和其他公民的合法权益，否则，必然会受到法律的制裁。所有社会成员既要积极维护自己的合法权益，又要尊重他人的权益，才能使得社会健康和谐发展。

自觉履行公民义务。在我国，公民的权利和义务是统一的。公民既享受法律赋予的权利，又必须履行法律规定的义务。任何人都不能只享受权利而不尽义务，也不能只尽义务而不享受权利。

公民自觉履行法律规定的义务，既是为自己的幸福生活奠定基础，也是为国家的繁荣和社会的稳定做贡献。

在某些条件下，权利就是义务，义务就是权利。我国宪法规定，劳动和受教育，既是公民的基本权利，又是公民的基本义务。劳动作为人们谋生的手段、获取报酬的途径，对公民来说是一种权利；劳动作为为社会创造财富的活动、推动社会进步的力量，又是公民对国家应尽的义务。受教育也是如此。从作为人们自身发展的必要条件来看，受教育是公民的一项权利；从国家发展离不开教育、需要培养高素质的人来看，受教育又是公民的一项义务。

公民依法行使权利，自觉履行义务，是公民意识的集中体现。我们要让法常驻心中，知法、懂法，依法办事，依法律己；守法、用法、护法，树立正确的权利义务观念和依法治国的观念，做有高度法制观念和良好法律素质的好公民。

现实生活中存在一种反差现象：大多数人的权利意识不断在增强，但有相当一部分人的公民责任义务意识淡薄，更有甚者，有些人为了自己的利益而不惜损害他人的权利。

探讨：我们怎样才能做到既维护自己的利益，又尊重他人的权利？

环境教育篇

第1节 环境问题探源

环境问题是一个涉及自然、社会、政治和经济，直接危害人类生存与发展基础的问题。如今，环境与发展，已成了当代世界共同面临的两难选择，成了21世纪人类最严峻的挑战。

一、地球——孕育生命的唯一家园

在广阔的宇宙中，有上万亿个星球，在上万亿个星球中，地球只是其中平凡而普通的一个，可因为有了生命，有了人类，地球是那么神奇而美妙。奇妙的地球，它有云彩的潇洒、大山的庄严、海洋的深广、溪流的细小。在地球这个蔚蓝色的行星的表面，上至万米高空，下至地表以下数米甚至几千米以下的大洋深处，到处都印上了生命的足迹。

生物圈是一个奥妙无穷、异彩纷呈的世界。在这个欣欣向荣的生物圈里，聚集着200多万种动植物和微生物，居住着60多亿人口。绿色植物从土壤吸取水分和养料，借助于阳光和热能制造有机物质；动物又以植物和其他动物为食物；那些渺小的微生物则将死亡的动植物遗体进行分解，把宝贵的养料归还土壤，这样周而复始形成无数良性生态平衡循环系统。

地球是唯一孕育生命的星球，是人类同其他生物繁衍生息的唯一家园。地球上的芸芸众生离开了地球家园，就不能生存。人类从诞生起，衣、食、住、行以及经济活动，无一不依赖这个星球，地球上的森林、湖泊、草原、海岸等自然系统，是人类赖以生存的基本环境。

二、人类面临着严重的环境问题

“日出江花红胜火，春来江水绿如蓝。”“春光潋滟晴方好，山色空蒙雨亦奇。”“天苍苍，野茫茫，风吹草低见牛羊。”这些脍炙人口的诗句，描绘了大自然的美好，也引发了人们对人与自然关系的思考。

信息平台

2013年，“雾霾”成为年度关键词。这一年的1月，4次雾霾过程笼罩30个省（区、市），在北京，仅有5天不是雾霾天。有报告显示，中国最大的500个城市中，只有不到1%的城市达到世界卫生组织推荐的空气质量标准，与此同时，世界上污染最严重的10个城市有7个在中国。2014年1月4日，国家减灾办、民政部首次将危害健康的雾霾天气纳入2013年自然灾情进行通报。2016年12月，多个城市持久雾霾天气。

雾霾，顾名思义是雾和霾。但是雾和霾的区别很大。雾是由大量悬浮在近地面空气中的微小水滴或冰晶组成的气溶胶系统。空气中的灰尘、硫酸、硝酸等颗粒物组成的气溶胶系统造成视觉障碍的叫霾。雾霾天气是一种大气污染状态，雾霾是对大气中各种悬浮颗粒物含量超标的笼统表述。随着空气质量的恶化，阴霾天气现象出现增多，危害加重。中国不少地区把阴霾天气现象并入雾一起作为灾害性天气预警预报，统称为“雾霾天气”。雾霾常见于城市。雾霾是特定气候条件与人类活动相互作用的结果。

高密度人口的经济及社会活动必然会排放大量细颗粒物（PM 2.5），一旦排放超过大气循环能力和承载度，细颗粒物浓度将持续积聚，此时如果受静稳天气等影响，极易出现大范围的雾霾。

环境是生命的绿洲，蓝天、碧水、绿地、阳光，为人们的生活编织出绚丽的风景，人类曾经一直沐浴在碧水蓝天、清风明月之中。今天，我们周围的环境如何呢？随着人类文明的进步，人类自身的生存和发展越来越受到来自环境的挑战和威胁，我们面临着无处不在的环境问题。

当代世界主要环境问题：

气候变暖
臭氧层破坏
生物多样性减少
酸雨蔓延
森林锐减
土地荒漠化
大气污染
水体污染
海洋污染
固体废弃物污染

当代中国主要环境问题：

大气污染日益加剧
水体污染日益突出
垃圾围城现象普遍
噪声污染普遍超标
水土流失难以遏制
土地荒漠化不断扩大
濒危物种生存环境缩小
水资源呈现短缺现象
耕地资源逐年减少
森林资源供不应求

环境问题主要表现为两类：

一是环境污染。如在工业生产中，未经处理而排放的废渣、废气和废水，对水、大气和土壤造成污染；现代交通造成噪声污染；生活污水、化肥等使水体产生富营养化污染；还有燃料、农药、合成纤维、塑料制品和放射性物质的使用造成的污染等。

1930年12月，比利时马斯河谷烟雾事件发生后，一周内，有几千人呼吸道发病，60人死亡，心脏病、肺病患者的死亡率增高；

20世纪40年代，美国洛杉矶光化学烟雾事件，导致许多人眼睛红肿、喉炎、呼吸道病变，乃至思维紊乱、肺水肿等，患者死亡率高达38%；

1948年10月，美国多诺拉烟雾事件，仅4天时间，这个仅有1.4万人的小镇，就有5911人暴病，17人死亡；

1952年12月，英国伦敦烟雾事件，导致在两周内死亡4000余人，之后的两个月内又死亡8000余人；

1961—1972年，日本四日市哮喘事件，导致哮喘病蔓延全国，患者高达6376人。

2013以来，每到冬季，我国多个城市出现严重雾霾天气，空气质量污染严重。

二是生态破坏。由于人类对自然资源的不合理开发利用，使生态平衡遭到破坏，在我国突出表现为植被破坏、水土流失、土地沙漠化、气候恶化、水资源短缺等方面。

20世纪50年代，我国曾发起把麻雀作为“四害”来消灭的运动。可是在大量捕杀了麻雀之后的几年里，却出现了严重的虫灾，使农业生产受到巨大的损失。后来科学家们发现，麻雀是吃害虫的好手。消灭了麻雀，害虫没有了天敌，就大肆繁殖起来、导致了虫灾发生、农田绝收一系列惨痛的后果。生态系统的平衡往往是大自然经过了很长时间才建立起来的动态平衡。一旦受到破坏，有些平衡就无法重建了，带来的恶果可能是人的努力无法弥补的。因此人类要尊重生态平衡，帮助维护这个平衡！

马里温是印度洋上的一个小岛，1945年，南非的第一支探险队来到这里，随船来的几只老鼠也悄悄溜上岸，到了1948年，老鼠成了岛上的霸主，探险队运进了5只猫捕鼠，可是海鸟的味道比老鼠好，猫不抓老鼠却吃鸟，结果猫繁殖到2500只，鸟遭殃了，一年被吃了60万只。

中国生态失衡7大“赤字”

——水土流失面积大于治理面积。风蚀和水蚀达380万平方公里，占国土面积的1/3。

——北方沙漠化面积 160 万平方千米，占国土面积的 17%，每年新增 2460 平方千米。

——南方石漠化面积 346 万平方千米，每年新增 2000 多亩。

——草原退化、碱化、沙化每年新增面积 2000 多万亩。

——工业“三废”污染局部改善，总体恶化；二氧化碳排放量居世界第二、酸雨面积扩大、水污染严重。工业污染由 20 世纪 80 年代末的 15% 上升到目前的 40% 以上。

——水资源浪费，约 70% 的农业用水利用率仅 40%。

——耕地每年净流失 3000 多万亩。我国的生态“赤字”比财政赤字更可怕。

三、追根溯源

近些年来，人与自然的关系似乎越来越“紧张”：地震、海啸、飓风、洪水、全球变暖、沙尘暴、臭氧层的破坏以及艾滋病、非典、禽流感、口蹄疫、疯牛病等，都无一不威胁着人类的生存和健康。这个人类生存的地球到底怎么啦?

根据形成的原因不同，环境问题可以分为两类：一类是自然因素引起的环境破坏或污染。另一类则是由于人类活动造成的环境污染或破坏，包括：不合理开发利用自然资源，超出环境承载能力，使生态环境质量恶化或自然资源枯竭；人口迅速增长、城市化和社会经济高度发展引起的环境污染和破坏。

信息平台

就大气污染而言，大气污染物有的来源于自然界本身，如火山喷发、森林火灾、地震、风沙等产生的烟尘、硫氧化物、氮氧化物等。而人为来源一是人们在生产、生活以及交通运输中燃烧大量的矿物燃料，诸如煤炭、石油、天然气等所产生的二氧化硫、氮氧化物、一氧化碳、二氧化碳、烟尘等等；二是某些工业企业如化工厂、冶炼厂等在生产过程中所排放的有毒有害气体或粉尘，如硫化氢、氨、氧化铁粉尘等。目前，大气污染主要是人为原因造成的。

纵观世界纷繁的环境问题，除了纯粹由自然力产生的自然界变化和灾害外，大多与人类的各种经济、社会活动有着密不可分的联系。在人类对环境不合理开发、利用的情况下，尤其是当人为因素对环境的干扰超过自然界的自净能力和再生殖能力时，就会导致环境污染和生态破坏，引发环境问题。

因此，环境问题实质上是人口、经济、社会、环境未能协调发展引起的问题。环境问题的产生和发展，是众多自然因素和社会因素共同作用的结果。

1. 环境问题的自然根源

首先，有的环境问题是由台风、暴风雨、洪涝、火山爆发、地震、森林火灾等自然灾害造成的。

1996 年 8 月 10 日，菲律宾的坎拉翁火山突然向空中喷出 1500 多米高含有火山灰的黑色烟柱。

1998 年 7 月 23 日，欧洲最高的活火山——意大利的埃特纳火山喷发，火山口的浓烟柱高达万米。

2000 年 1 月 16 日，危地马拉的帕卡亚火山猛烈喷发，火山口喷出的烟柱高达 2000 多米，岩浆高达 150 米；

2000 年 3 月 14 日，俄罗斯的别济米扬内火山喷发出高达 5000 米的火山灰；7月 20 日，智利北部拉斯卡尔火山爆发喷出烟柱高达 800 多米。

其次，有些环境问题是地形地貌、气候原因、污染物之间的转化和迁移等自然因素影响而形成的。

地形地貌：由于地形、地貌不同，大气污染物的危害程度会有很大差异。在窝风的丘陵和山谷盆地，污染物不容易扩散开去，可能形成一定范围的污染区。污染物沿平行山谷的方向流动，会给下风侧带来更严重的污染。城市中的高大建筑物和构筑物会使运动着的大气产生涡流。在涡流区大气污染物很难逸散，使涡流区完全处在污染状态中。

历史上，比利时马斯河谷烟雾事件、美国宾夕法尼亚州多诺拉镇烟雾事件和英国首都伦敦烟雾事件等环境公害事件，都与地形地貌有直接关系，即处于河谷地带，众多工厂排放到大气中的污染物不易扩散，被封闭在逆温层下，浓度急剧增加而造成严重的大气污染。

气候原因：在自然条件下，风、雨、云、雾、气温、湿度、太阳辐射量、大气稳定度以及特殊的逆温层等，都对大气污染有一定的影响。

据报道，在瑞典，每天有上千吨外来的硫烟随着横贯欧洲的盛行西风从境外进入国境上空，形成酸雨。30 多年来，这个国家五分之一左右的湖泊被严重酸化，有 4000 多个湖泊里的鱼类已经绝迹。

污染物的转化和迁移：污染物进入环境后，会发生迁移和转化，并通过这种迁移和转化

与其他环境要素和物质发生化学的和物理的，或物理化学的作用，产生环境问题。

污染物迁移主要是物理迁移、化学迁移和生物迁移。物理迁移就是污染物在环境中的机械运动，如随水流、气流的运动和扩散，在重力作用下的沉降等；化学迁移是指污染物经过化学过程发生的迁移，包括溶解、离解、氧化还原、水解、络合、化学沉淀、生物降解等；生物迁移是指污染物通过有机体的吸收、新陈代谢、生育、死亡等生理过程实现的迁移。

有的污染物（如一些重金属元素、有机氯等稳定的有机化合物）一旦被生物吸收，就很难排出生物体外，这些物质就会在生物体内积累，并通过食物链进一步富集，使得生物体中该污染物的含量达到物理环境的数百倍、数千倍甚至数百万倍，这种现象叫做富集。

2. 环境问题的社会根源

人类的主观意识和客观活动，是造成环境问题的重要社会根源。造成环境问题的社会根源则是导致环境问题产生甚至不断恶化的主要原因。可以说，环境问题随着人类社会的产生而产生，并随着人类社会的发展而发展。

人们的环境意识。人们环境意识的高低，主要取决于环境科学知识的水平以及思想道德的水平。人们对于生态环境的认识、判断、态度及价值取向，反过来又能动地作用于客观存在的生态环境。人类在传统的环境价值观的支配下，沿用着以大量消耗资源的粗放型经营为特征的经济发展模式，向自然环境无限度的索取，造成了环境问题以及环境与发展的不协调。

人口数量和质量。人口数量的剧增，对耕地、水资源、气候、森林以及生物的多样性带来诸多不利影响。庞大的人口数量，加快了人类对自然资源过快过量的开采和消耗，从而带来两个方面的严重后果，一是加速资源的消耗，二是造成严重的环境污染。同时，人口增长也增加了污染物的排放数量。人口的质量或素质即思想道德水平和科学文化素质的高低，也是影响环境的重要因素。

人类每年排入的二氧化碳就达 220 亿吨之多，二氧化硫在 2 亿吨以上，大大超过大自然再循环系统的自净能力，使大气污染日益严重。

社会的生产方式。在漫长的历史长河里，人们运用自己的智慧和力量，不断地利用和改造自然，创造新的生存条件，提高了生产力水平。但同时，由于人们的认识能力和科学技术水平的限制，人们在利用和改造自然的过程中，产生了不曾预料的后果，即自然环境的污染

和破坏问题。

信息平台

从发展中国家来看，诸如荒漠化面积扩大、植被锐减、水土流失加剧、灾害频发以及环境质量下降等问题，主要是由于生产力水平不高，发展不足造成的而人口激增、供应匮乏、资金短缺、技术落后又迫使许多贫困国家不得不过度开发和廉价出售日益枯竭的自然资源。

从发达国家来看，在长达200年的工业化进程中，采取了大量消耗资源、大量排放污染物的生产方式。现今，其巨大的国民经济发展规模，导致新的环境问题，即发展不当造成的问题。只占世界人口20%的工业化国家，却长期消耗着世界70%以上的能源和资源。历史的原因及当前国际经济秩序的不合理性，使发达国家的环境问题不仅对本国造成影响，而且导致气候变暖、臭氧层损耗、污染物越境输送等，从而影响着其他国家和全球的环境质量。

随着人类社会生产力的不断进步，科学技术的高度发展，电磁辐射、放射性污染、基因和环境激素污染、核污染等，也越来越影响到我们的环境和生活。

农药和化肥的使用给农业带来丰收的同时，也造成了大范围的食物、土壤与水的污染。农业的耕作和灌溉方式的不当也会对环境带来影响。

人类的生活方式。许多环境问题的产生与人们的日常生活有关，人们的生活方式直接影响环境。从追求物质生活的富裕，到追求物质、精神生活质量的同步提升；从关注人自身的发展，到关注人与自然的和谐共生与发展，人类的生活方式正在向最佳生态型转变。

信息平台

这些年人们对旅游资源无节制的开发，使许多原始的自然生态遭到无情的破坏。上到几千米的高山，下到浩瀚大海，甚至原始树林到处都留下了被人类践踏的足迹。且不说开发者给造成的破坏，就是游人足迹也改变了它们原有的生态环境。在西双版纳的原始森林里的象群就是因为有人在它们行进的线路上面建了公路而不得不改变原有的生存线路，而在可可西里，每天都有小动物因过公路而丢失性命；而我们人类的足迹，所到之处，森林在缩减，动植物在不断地消失。

城市生活是人类在经济发展、社会进步过程中对于生活方式的一种选择。然而，城市的发展及其人们的生活方式却又恶化了我们生存的环境。现代城市交通造成了严重的大气和噪声污染。人口“爆炸”使众多城市变得拥挤不堪、肮脏混乱。

信息平台

在过去的一两百年里，人们居住场所的变化是世界最大的变化之一，越来越多的人从农村走向城市。1900 年，城市人口占全世界人口比例不足 10%，到 2000 年，城市人口已占全世界人口的 46%，据联合国人口基金会发布的《2007 世界人口状况报告》认为，到 2008 年，全世界生活在城市的人口将超过人口总数的一半，达到 33 亿人，到 2030 年，生活在城市中的人口数量将跃升至 50 亿。

随着城市化的快速发展，城市人口迅速膨胀，城市的环境污染越来越突出。据统计，一个拥有 100 万人口的大城市，每天需要 62.5 万吨水，2000 吨食品，9500 吨燃料；同时排放 50 万吨废水，2000 吨固体垃圾，950 吨大气污染物。

现代城市八大环境问题：

空气污染
水污染
垃圾污染
噪音污染
光污染
热岛效应重
本土生物物种消失
当地人与自然和谐共存的传统文化消失。

消费水平的提高和消费需求的增长，给环境造成了太大的负担。今天，人们的消费，不仅仅局限在食物上，不仅仅为了满足生理的需求，更大量的是包括诸如汽车、电视、空调，以及教育、卫生、娱乐、社会活动等非维持生命所必需的消费。这些非生理性消费所消耗的石油、塑料、纸张、水、钢铁、水泥、电力等的总量远远超过了基本生理需求的部分，并呈不断增长的趋势。

人们的生活习惯对环境产生影响。现代化生活中充斥着许多一次性用品：一次性餐具、一次性桌布、一次性尿布、一次性牙刷、一次性刮刀、一次性笔、一次性照相机……一次性用品给人们带来了短暂的便利，却使生态环境付出了高昂的代价。它们加快了地球资源的耗竭，同时也给地球带来了灾难。

第 2 节　不同价值取向对环境的影响

人类从产生那一天起，一直在探究自身与自然的关系，寻找由必然王国进入自由王国的道路，在改造自然的过程中，产生了对自然环境的不同认识和价值取向。种种不同的对自然环境的认识和价值取向又反作用于自然，对环境造成不同的影响。

案例聚焦

一位博士说："一个开发商要我去给他做项目。开发的那地方有山有水有丘陵，非常好，开发商要在那里盖他的办公室、盖别墅。我和同事非常认真地去考察，提出把原有的水和林子保留下来，然后结合当地的地形做一些建筑，我认为会做得非常符合现代国际设计理念。但对方的要求和我们的设计理念根本没办法融合，他砍掉的树让我心疼，填掉的湖让我心疼，削平的山顶让我心疼。那都是很茂密的林子，砍掉之后至少要 20 年才能长成。可是他听不进去。我说既然这样那你另请高明吧！"

博士与房产开发商在项目设计上为什么会有那么大的分歧？价值取向对人的行为有重要的导向作用。不同的价值取向对人类和环境产生不同的影响。

一、历史上四种价值取向

"听天由命"的价值取向。人类产生之初，改造自然的意识和能力很弱，人的行为主要是被动地适应和利用自然。因此，认为大自然是主人，人是自然的奴隶，人只能"听天由命"的观点就产生了。

信息平台

远古时期的人类有崇拜自然界的传统，认为自然界是神，是一位法力无边的天神（天，在中国古汉语中是自然界的代名词），在自然界面前，人类只能俯首帖耳，任其摆布。在封建社会，统治阶级把自己说成是"天"的化身，用"天"来吓唬老百姓，"天命"观念得到进一步强化。

“人定胜天”的价值取向。春秋战国时期，著名思想家孟轲提出了三个彼此并列的概念：天、地、人，并列出了一个不等式：天时＜地利＜人和，即天时不如地利，地利不如人和。另一个思想家荀子提出了“天行有常”“制天命而用之”的观点。

美索不达美亚平原水源丰富，土地肥沃，古巴比伦人曾在这里勤劳耕作，创造了丰富的物质财富和灿烂的文化。但是，为了扩大耕地面积，古巴比伦人砍伐森林，开荒造田，破坏了自然环境，土地荒漠化，古巴比伦文明最终消失了。

在“人定胜天”这种观点的支配下，人类开始了诸如毁林造田、围湖造田、兴修水利等规模较大的改造自然的活动。这些活动，一方面大大提高了人类社会的生产力和物质文明程度，另一方面造成了明显的环境问题。

“自然奴隶”的价值取向。这种观点认为：人是征服自然的主人，自然是奴隶。这种观点在工业社会曾占统治地位。随着蒸汽机的发明，科学技术飞速发展，人类征服自然的能力突飞猛进，在这种价值取向指导下，人类从对自然的改造与适应，演变为对自然的征服与掠夺。

地球是多种生物的共同家园。人类虽然是万物之灵，但毕竟只是其中之一。地球既是属于人类的，也是属于所有生物的。可是人类往往把自己看作是地球的主人，而忽视、侵犯了别的物种的生存条件，无节制地向地球索取。

美国西部平原曾生长着茂盛的禾草，虽然当地的降雨量不及全国平均降雨量的1/3，但禾草密集的根系很好地保持了土壤，使之免受侵蚀。后来由于农民开垦草原，草场被破坏，土壤失去了保持水分的能力，受到风蚀。1934年5月11日，巨大的沙尘暴形成一条东西长2400千米，宽1440千米，高3.2千米的黄色尘土带，遮天蔽日，把西部平原的几十亿吨表土一直刮到大西洋沿岸。许多水井和溪流干涸，牛羊渴死，上万人逃离了大草原。

呼伦贝尔草原曾经是我国最好的天然草原之一，在“大跃进”中，为实现饲料、粮食、蔬菜的自给，开荒种地。“文化大革命”中，片面搞“以粮为纲”，继续开荒，加剧了草原沙漠化。近十年来，国际市场山羊绒需求增加，草原大力发展山羊养殖业，绒山羊养殖数量猛增，在草场资源锐减的

> 我们不要过分陶醉于我们对自然界的胜利，对于每一次这样的胜利，自然界都报复了我们。
>
> ——［德］恩格斯
>
> 要命令自然，就要服从自然。
>
> ——［英］培根

情况下，山羊出于求生的本能，不可避免地尽量觅食，甚至啃树皮，扒草根，这更加剧了草原生态环境的恶化。

“天人合一”的价值取向。这种观点早在两千多年前就有人提出来了，但一直没有成为社会的主流价值观。直到最近40年，人类才从自然陶醉中猛然醒悟过来：靠掠夺和损害自然所获得的“幸福”是得不偿失、极为有限而短暂的，人类要发展下去，就必须尊重自然，爱惜自然，把大自然当作人类的朋友，天人合一，和谐发展。

中国的传统哲学强调“天人合一”，强调天、地、人共生共存。早在春秋战国时期，老子和庄子就提出“天人合一”的思想。庄子说：“天地与我共生，万物与我为一”，意思是说，人应顺应自然，用不着把“天”与“人”分开，更没有必要去谈论谁统治谁，人与自然应和谐相处。

随着时代的发展，“天人合一”的思想被赋予更丰富的内涵。

——人类本身就是大自然的一部分，人类每时每刻都离不开自己赖以生存的自然环境。

——大自然是人类的“衣食父母”，其资源是有穷有尽的，而且大自然有着不以人的意志为转移的客观规律，因此人类必须尊重自然，珍惜资源，按规律办事。

——自然资源是人类的共同财富，人人有权利用它，人人有义务保护珍惜它。

——自然资源与自然环境不仅属于当代人，而且也属于后代人，为了人类的持续发展，我们不能为了当代人的利益去损害子孙后代的利益。

二、价值取向的多样性及其影响

在社会生活中，由于人们所处的社会关系不同，世界观、人生观、思维方式、知识结构不同，价值取向的具体形式呈现多样性和复杂性的特点。在历史长河中，不同的价值取向支配着人们改造自然与环境的行动，从而对环境产生巨大影响。

先污染后治理。即“先污染，后治理；先破坏，后保护”。这种价值取向表现为：环境与经济，重点是发展经济，等经济发展到更高阶段再来解决环境与资源问题，这实际上是以资源高消耗和环境的破坏为代价来支撑经济增长。西方工业化就是在这一观点导向下实施的。这一过程的直接结果除了带来惊人的财富积累，就是环境污染、土地荒漠化、资源锐减、森林破坏、野生生物灭绝、自然灾害频发。

美国一学者计算，森林的经济价值与生态价值之比为1∶29。在市场经济条件下，经营者总是追求经济利益的最大化，要怎样才能实现经济效益、生态效益和社会效益的协调呢？

“零增长”。这是20世纪70年代罗马俱乐部提出来的。他们认为：地球面临“灾难性的崩溃”，避免这种前景的最好办法是集中力量治理环境，限制经济增长，即“零增长”。这种观点虽没被大多数国家接受，但环境保护和污染治理也逐渐引起一些发达国家政府的重视，开始进行工业污染源的调查和治理，使一些发达国家的环境状况有了明显改善。

节约资源，适度享受。这种价值取向表现为：在处理自然环境与人的关系时，坚持以自然环境为中心，人的消费、享受必须服从自然环境的需要，让自然资源的利用“细水长流”，永续于后人。这种价值取向对自然环境的保护起着极大的促进作用。

可持续发展。是指既满足当代人的需求，又不损害后代人满足其需求的能力。这种价值观内涵表现为：公平性、主体性、综合协调性。公平性，一是指代内的公平，可持续发展要求满足全体人民的基本需要，并给予机会以满足他们要求较高生活的愿望；二是代际公平，每一代人的要求都不应该为当代的发展与需要而损害子孙后代满足需求的条件；三是指人与自然、人与其他生物之间的公平性。主体性，即以人的发展为主体，满足人的全面发展，不能以满足人的某些方面（如经济利益）的需要而牺牲人的其他方面的发展。综合协调性，即现代意义的发展，是包括经济、生态、社会三个方面的协调发展。

可持续发展的观点已成为当今世界在处理人与自然关系上的主流价值取向，并对人的活动和自然产生深远而又积极的影响。

全球可持续发展五大要点：

1. 发展援助：发达国家向发展中国家增大经济援助的力度，其援助比达到其国内生产总值得0.7%。

2. 环境保护：工业化国家应当恪守“京都协定书”关于限制温湿气体排放量的规定，保护地球环境，防止全球继续变暖。

3. 清洁水源：节约用水，到2015年实现为一半以上缺乏清洁饮用水源的人口提供洁净引用水。

4. 能源开发：大力推广清洁能源及电能的应用，提高可再生能源在能源消费结构中的比例。

5. 绿色贸易：促经世界生产及贸易过程中的环境意识和社会责任感。

可持续发展（Sustainable development）的概念是在1972年斯德哥尔摩举行的联合国人类环境研讨会上提出的，各个国家的代表共同界定人类在缔造一个健康和富有生机的环境上所享有的权利。可持续发展强调的是环境与经济的协调，追求的是人与自然的和谐，其核心思想就是经济的健康发展应该建立在生态持续能力、社会公正和人民积极参与自身发展决策的基础之上。它的目标是既要达到发展经济的目的，又要保护好人类赖以生存的大气、淡水、海洋、土地和森林等自然资源与环境，还要关注各种经济活动的生态合理性，保护生态资源，使子孙后代能够永续发展和安居乐业。可持续发展的核心是发展，但要求在严格控制人口、提高人口素质和保护环境、资源永续利用的前提下进行经济和社会的发展。

人对自然的认识和价值取向既是对自然界的反映，又对自然起着巨大的反作用。任何人的行为总是在一定价值观的导向下进行的，任何改造自然的活动总是一定价值观指导下的人类实践。人类对待自然环境的科学价值观，能指导人们在认识和改造自然界中做出正确的选择，采取正确的行动，从而促进自然和人类自身的发展，相反，对待自然环境的错误价值观，则把人的行动引向歧途，对自然界产生破坏作用，无法真正达到改造自然的预期目的。

第3节 生态道德——一种新的价值观

随着对人与自然关系的认识不断深化，人们逐步认识到：谋求人与自然和谐，解决生态环境恶化的问题，最重要的是要从“治本”入手。“本”是什么？就是深藏于人们心灵的道德意识，就是让人人心中都筑起保护生态的绿色屏障，从而在全社会形成保护生态的强大合力。

案例聚焦

取一只活青蛙剖开它的体腔，看看它的内部构造……曾经，这是我们的动物实验课的内容。

有一位学生，不忍看到小动物在颤抖中痛楚万状地死去，反对这种残酷的实验课。她跟学校和老师做了多次交涉，恳求老师不要伤害青蛙，或者分成小组，共同解剖一只青蛙，而不是人手一只。自己的意见没有被采纳时，她拒绝那一天到校上课，那是她整个学期第一次请假不去学校。

你是否赞赏她的做法？在我们的学习过程中，如何将获得知识与学会尊重生命结合起来，请你谈谈自己的感想。

人们怎样对待动物就会怎样对待环境。如果我们认为人是自然的中心和一切生物的主宰，就会无视自然的价值和其他生命的尊严；如果我们把自己看作地球生命共同体中的一员，就会发现，我们的许多做法都值得检讨和反思。我们需要确立一种新的价值观——生态道德。

一、什么是生态道德

在社会生活中，我们要遵守一些基本的道德准则和规范。但以往的道德是以人类为中心的，没有涉及人与自然之间休戚相关、生死与共的伦理关系，这种道德是不完善的。人们在总结生态环境出现危机的教训后，逐步认识到，生命是自然界的伟大创造，对自然、对生命必须给予极大的尊重。当我们考虑如何处理好人与人的关系时，也应该把善与恶、美与丑、正义与非正义等准则，用来思考和善待“无声”的自然。

所谓生态道德，就是把调整人与人、人与社会之间关系的行为规范，扩展到了自然生态领域，用道德规范来调整人与自然之间的关系。它是公民素质的重要组成部分。

如果说，15 世纪是“人”被重新发现的世纪，20 世纪则是“自然”被重新发现的世纪。如果说，文艺复兴运动，是人从神的奴役中解放出来的话，那么，生态道德，则是在自然价值重新确立以及人类给予自然应有的关怀和尊重的基础上，将自然从人的奴役中解放出来。

生态道德是人类对人和自然关系认识深化的必然结果，体现了：

价值观的重建。生态道德使传统道德价值观的内涵被大大拓展，增添了新的内容。首先，人不应凌驾于自然之上。人类不应污染、破坏自然环境。地球上的生物和人类一样，有着合法的生存权利。人类的生存和发展不应该威胁自然界其他物种的生存。其次，人与人之间享有利用自然的平等权利。从地球生态系统的整体性出发，我们既要对他人和社会承担责任，也要对后代、其他生命形式乃至整个自然界承担责任。

道德原则的增加。公民的生态道德行为有三条原则：所有人享有生存环境不受污染和破坏、过上健康生活的权利，并承担保护子孙后代持续生存发展的责任；地球上所有生物物种享有其栖息地不受污染和破坏、能够维持生存的权利，人类承担保护生态环境的责任；每个人有义务关心他人和其他生命，破坏、侵犯他人和生物物种生存权利的行为是违背人类责任的不道德行为。

道德行为习惯的新要求。不随地吐痰、不摘折花木、爱护小动物等道德行为习惯，以往都是从社会公德的角度提出的。今天，从人与自然的关系，从生态伦理的角度对行为习惯的养成提出了以往没有的新内容，如购买物品时考虑耐用性、可循环利用性，垃圾袋装和分类投放，回收废旧电池等，都体现了道德行为与时俱进的特点。

二、生态道德的基本要求

香港环保先驱温石麟在回忆自己怎样走上以保护自然为己任的道路时，特别提到他大学预科的外籍生物教授——爱护自然的带领者。一次，他们去香港海边做海岸生态考察，那位老师站在退潮的烂泥里，告诉正在寻找生物样本的学生们：你们可以取上来观察，但是，完事后要放回原位，因为它们是属于这里的，我们是大自然的观察者，不应该破坏、扰乱大自然的平衡。这位赤脚站在烂泥里的教师，一直引导着他的学生走向尊敬生命、爱护自然的生活。

生态道德要求在人与自然环境之间真正建立起一个相互依赖、和谐相处的融洽关系，它需要我们从道义上认识人类在与自然关系上所应承担的义务和使命，遵守生态道德规范。

珍爱生灵。地球上生命物种丰富多样，大自然造物令人兴奋，让人惊奇。动物和人类一样是地球的主人，并在维护生态平衡方面发挥着不可替代的作用。在人类占据了全部优势的世界里，尊重和保护动物的生存权利，不仅关系动物的权利，也关乎人的道德和良知，更是社会文明的表现。

每吃掉一只灰喜鹊，就有两亩松林失去天敌的保护。

每吃掉一只猫头鹰，一年中就会多出 1000 只田鼠，偷吃两吨粮食。

每吃掉一对燕子，6 个月中就有 100 万只害虫危害于山林田野。

人不能残酷对待一只野生动物，同样也不能残酷对待一只家养的禽兽。

人类对待动物的态度体现了人类对自然环境的态度。动物的命运和人类社会紧密相连，动物的生活境遇和福利也与人的态度密切相关。我们要唤起自己心中那份对自然的感情，在心中建起一片自然保护区。

> 谁道群生性命微，一样骨肉一样皮。
> 劝君莫打三春鸟，子在巢中望母归。
> ——［唐］白居易

1809 年，一位英国勋爵在国会提出一项提案，要求禁止虐待马、猪、牛、羊等动物。这项提案在当时遭到了人们的嘲笑。虽然在上院获得通过，但在下院被否决。

1822 年，英国人关于动物的思考已经相当成熟，世界上第一个反对虐待动物的法律真正获得通过，它使虐待动物本身成为一种犯罪。

1850 年，法国通过了反虐待动物法案，爱尔兰、德国、奥地利、比利时、荷兰等欧洲国家也相继出台了反虐待动物的法案。

2005 年，德国国会通过了一项决议，用宪法来保障动物作为生命存在的权利。这是世界上第一个把动物权利写进宪法的国家。

目前，世界上已有 100 多个国家出台了有关反虐待动物的法案。英国有关动物保护的法律有 10 多条。

节约资源。中国以每年至少 5% 的经济发展速度追逐着世界发达国家的脚步，而且还将在人口素质低、人均耕地不到一亩，以及各种自然资源大大低于世界人均水平的条件下发展经济，参与国际竞争。这意味着，我们和子孙后代所面对的人口、资源、环境条件，将更为严峻。

一位西方作者在20世纪70年代末写了一本《彬彬有礼逛北京》的书，书中以赞扬的口气写道："在中国人的眼里，没有一件东西是不能再利用的，这体现在每个家庭、每个人身上。中国服务人员将旧衬衣、旧内衣做成抹布、擦鞋布和洗碗布；厨师用旧电报纸的背面来写他的采购单和菜单；用过的果酱瓶成了茶杯，喝空的酒瓶装上了油或醋……于是我也变得细心起来，用过的东西，在没有问清我的中国朋友是否还可做它用之前，我绝不敢再随便扔了。"这种已经远离了我们的东方智慧，可否会回到我们的身边呢？

植绿护绿。森林素有"绿色金子"之称，森林可以把二氧化碳转换成氧气，可以像抽水机一样把地下的水分散发到天空，可以用巨大的根系使土壤和水分得到保持，控制洪涝和荒漠化的发生。森林还是野生动物的家园。

> 目前人类对保护地球资源的意识空前地提高，但大规模、大范围破坏野生动植物的栖息地的行为并没有减缓。我对人类在科技上的成绩感到鼓舞，但是，这些科技成果对物种多样性的破坏又使我绝望。
>
> ——［美］爱德华·威尔逊（哈佛大学社会生物学家）

我国森林在10年间锐减了23%，我国受荒漠化影响的地区超过国土总面积的1/3，生活在荒漠地区和受荒漠化影响的人口近4亿，每年因荒漠化危害造成的经济损失高达540亿元以上。这些数据可能令我们一时震惊，但对每一个公民来讲，更重要的是行动。植树不只是植树节的政府号令，而应成为我们的自觉行动和生活时尚。种植树木，不仅赋予了树木生命，也表达了人类对自然的一份亲情。

抵制污染。也许我们可以买到洁净的水，买到无污染的绿色食品，但面对空气污染和温室效应，我们每个人却无处可逃。抵制污染，我们可用实际行动减轻对环境的危害。

污染防治可以分成预防和治理

在预防阶段，我们可以采取的主要对策有：

1. 合理安排污染排放源的地理位置；
2. 科学选取生产材料，如为了减少农药污染，可以开发高效低毒的农药；

3. 改进生产工艺，提高原材料和能源的利用率。

在治理阶段，我们可采取的主要措施有：

1. 废物回收，综合利用；

2. 污染物处置；

3. 设置屏障，消除或减轻污染物对人体和重要生态系统的影响。

我们的生活方式和习惯，关系到我们头顶的天空和身边的河流。我们应带着环保的眼光对商品进行再评价，审视产品在生产、运输、消费、废弃的过程中会不会给环境造成污染，为推动我国环保产业和绿色技术做贡献，为后代也为我们自己创造健康安全的生态环境。

阅读空间

塑料袋——20 世纪人类最糟糕的发明

100 年前，奥地利一名科学家发明了塑料袋，在当时无异于一场科技革命，因为这种包装物轻便结实还便宜，商店、菜场都可以免费提供。可做梦也没想到的是，这一发明 100 年后给人类带来了环境灾难。

塑料袋大都是用不可再生降解材料制成的，处理这些白色垃圾只能填埋或焚烧。塑料袋埋在地里需要 200 年以上才能腐烂，并且严重污染土壤；而焚烧所产生的有害烟尘和有毒气体，同样会对大气环境造成污染。

现在全世界每年生产多少塑料袋？消费者又使用多少塑料袋？这无疑是个天文数字。联合国教科文组织形象比喻：如果把人们每年使用的塑料袋覆盖在地球表面，足以使地球穿上几层“白色外衣”。

2007 年 12 月 31 日，国务院办公厅下发了《国务院办公厅关于限制生产销售使用塑料购物袋的通知》，通知明确规定：“从 2008 年 6 月 1 日起，在全国范围内禁止生产、销售、使用厚度小于 0.025 毫米的塑料购物袋”；“自 2008 年 6 月 1 日起，在所有超市、商场、集贸市场等商品零售场所实行塑料购物袋有偿使用制度，一律不得免费提供塑料购物袋”。这个通知被人们称为“限塑令”。

一位先哲说过：“道德的本质就是生命间的和谐。”面对命运与共的生态环境，我们要全面、正确地认识和处理人与自然的关系，培养良好的生态道德意识，让科学认识自然、友善对待自然成为人们工作、学习、生活中的一种理念，并转化为人们的自觉行动。我们要以关爱取代戕害，以“厚德载物”取代恃才傲物，不仅遵循人与人之间的人伦之礼，而且要遵守人与动物之间的好生之德，遵守环境伦理，让自然与人类生生不息。

第4节 绿色法律屏障

目前，我国的环境形势较为严峻。我国每年因环境污染造成的经济损失占GDP的10%左右。严峻的环境资源形势成为制约我国经济发展的主要因素。因此，做好环保立法和监督工作对于促进经济又好又快发展，实现人与社会和谐发展有着十分重大的意义。

一、环境保护必须依靠法律

中国决不能走“先污染，后治理”的老路，要给子孙后代留一片青山绿水，就必须有切实有力的措施跟上。严格执法，依法保护环境，这是最关键的，也是最难的。要依法关闭那些技术落后、高耗能、高污染的企业，依法追究那些制造污染而给群众、给社会带来重大损失的企业和个人的责任。

自2006年起，我国二氧化碳排放量已居世界首位，如今二氧化碳排放量占到了全球总量的30%左右，2013年二氧化碳排放量为110亿吨，是排名第二的美国排放量的两倍。碳排放、碳减排压力巨大。

近年来，煤化工企业的环境污染事件频频出现，如山西潞安天脊煤化工厂发生苯胺泄漏入河事件、陕西煤业化工集团韩城龙钢公司二氧化硫和烟尘排放严重超标等，说明煤化工企业不仅是一个高回报的热门产业，也是具有资源消耗大、耗水量大、二氧化碳排放量大的特点。数据显示，年产60万吨煤制烯烃项目年耗水1700万吨，年产300万吨煤制油项目年耗水约200万吨，而我国煤炭资源集中分布在北方干旱、半干旱地区。现代煤化工发展必须量水而行，科学布局。

2009年8月，14部委联合下发《关于深化煤矿整顿关闭工作的指导意见》。各地区有关部门集中开展了煤矿整顿关闭工作，取得了明显成效，关闭小煤矿(即年产30万吨以下的乡镇煤矿)1.2万多处，淘汰落后生产能力3亿吨/年左右。

保护环境，如果没有法律的规范，单纯靠道德、靠人们的自觉性是远远不够。随着环境

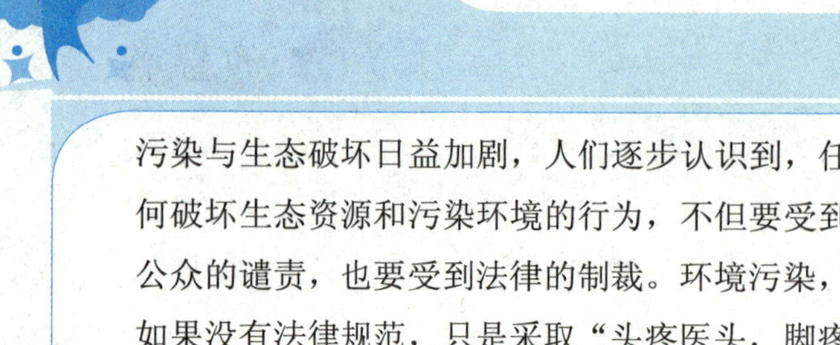

污染与生态破坏日益加剧，人们逐步认识到，任何破坏生态资源和污染环境的行为，不但要受到公众的谴责，也要受到法律的制裁。环境污染，如果没有法律规范，只是采取“头疼医头，脚疼医脚”的办法，环境污染与生态破坏的趋势难以从根本上得到遏制。

中国不断加强环境执法检查和行政执法力度。近年来，国家连续对环境保护、大气污染防治、水污染防治、固体废物污染环境防治等法律实施情况进行检查，推动重点地区污染治理。国家颁布《环境保护违法违纪行为处分暂行规定》，建立起环境保护行政执法责任制度，并不断开展整治违法排污企业、保障公民健康环保专项行动，依法查处环境违法案件，对环境污染问题实行挂牌督办。国家还开展矿山生态环境保护和海洋环境保护专项执法检查，依法处理多起违法行为。

二、我国环境法体系

环境法律为保护环境提供有力的保障。我们一般把环境保护的法律、法规和标准统称为环境法。

信息平台

我国环境保护法律、法规体系

我国环境法体系包括：宪法关于环境与资源保护的规定、环境保护基本法、环境保护单行法规、环境标准、其他部门法中的环境与资源保护法律规范，共五部分。

1. 宪法关于环境与资源保护的规定，为环境与资源保护立法奠定了基础，是各种环境保护法律、法规和规章的立法依据。在宪法中把环境保护作为一项国家职责和基本国策予以确认，把环境与资源保护的指导原则和主要任务予以规定，就为国家和社会的环境活动奠定了宪法基础，赋予其最高的法律效力和立法依据。

2. 环境保护基本法，是除宪法外在环境保护法体系中有核心的最高地位的综合性实体法。它对环境与资源保护方面的重大问题予以全面的原则性规定，是其他单行环境法规的立法依据。其对促进我国环境法体系的完备化，加强环境管理，起着重要的作用。1979 年我国颁布《中华人民共和国环境保护法（试行）》，这标志着我国的环境保护工作正式进入法制轨道，也标志着我国的环境法体系开始建立。现行的《中华人民共和国环境保护法》于 2014 年 4 月 24 日修订通过，自 2015 年 1 月 1 日起施行。

3. 环境与资源保护单行法规，是以宪法和环境保护基本法为依据，是它们的具体化。具体而详细的单行环境法规是进行环境管理、处理环境纠纷的直接依据。它在环境法体系中数量最多，占有重要的地位。

4. 环境标准，是我国环境法体系中的一个独立的、特殊的、重要的组成部分。其他环境法律、法规相配合，在国家环境管理中起着重要作用。

5. 其他部门法中有关环境与资源保护的法律规定是环境法体系的一个有机组成部分，是对具有广泛性的环境与资源保护的社会关系的法律调整和规范。

现在，我国的环境保护法律体系已经基本完善。随着我国社会主义市场经济体制的建立和完善，以及建设社会主义法治国家进程的加快，我国的环境保护法在治理环境污染与破坏中发挥着极其重要的作用，使我国的环境保护真正做到了有法可依、有法必依、执法必严、违法必究。

三、我国环境保护法的基本原则

我国的环境法经过近 20 年的理论研究和实践探索，已经逐渐形成了一些贯穿在各项环境与资源保护法律法规之中，体现我国环境法律的精神和本质的基本原则。

协调发展原则。所谓协调发展，是指经济建设与环境和资源保护相协调，其主要含义被归纳为著名的“三建设、三同步、三效益”，即：经济建设、城乡建设与环境建设必须同步规划、同步实施、同步发展，以实现经济效益、社会效益和环境效益的统一。

协调发展的原则，是从经济社会与环境保护的相互关系方面，对发展方式提出的要求，其目的是为了保证经济社会的健康、持续发展。

协调发展原则要求既不能片面追求经济效益而忽视环境损害的严重后果，也不能刻意要求环境保护超越现实经济的承受能力。在发展经济中解决各类环境问题，在环境问题的解决中求得经济的尽可能健康发展，这符合发展中国家的实际状况，也符合我国的国情。

“预防为主、防治结合”的原则。“预防为主、防治结合”原则的主要含义是：在环境与资源保护中，要采取各种预防性手段和措施，防止环境问题的产生或将其限制在最小的程度，尽量在生产的过程中解决环境问题，而不是等环境污染和资源破坏产生以后再去想办法治理。

人类环境与资源保护的实践证明，环境问题形成以后再进行治理，在经济上要付出更大的代价。而且很多环境污染和破坏问题一旦发生，即使花费很大的代价，也往往难以清除和恢复，甚至具有不可逆转性。一些环境问题的危害可能是潜在的，如气候变化和臭氧层被破坏，其后果往往难以预测。因此必须以特别谨慎的态度，尽量以预防的手段避免这些问题的发生。我们绝对不能走西方经济发展中的“先污染，后治理”的道路。

从环境污染与破坏的长期影响及其治理的费用而言，预先采取防范措施，不产生或尽量

减少对环境的污染和破坏，是解决环境问题的最有效的办法。

全面规划的原则。全面规划的原则是指，在经济和社会发展中，对工业、农业、城市、乡村生产和生活的各个方面做出统一考虑，把环境和资源保护作为国民经济和社会发展的重要组成部分来进行统筹安排、规划和布局。

全面规划原则要求从经济、社会、环境、生态等多个角度对各种产业进行合理的规划和布局，以实现经济、社会和环境的协调发展。在进行经济建设和社会发展的同时，采用全面规划、合理布局的原则可以最大限度地防止环境污染和生态失调，减少资源破坏和过度消耗，缩小污染危害范围。全面规划、合理布局，既是环境与资源保护的一项重要原则，也是国民经济和社会发展的一项基本方针。

各负其责的原则。所谓各负其责的原则，是指与环境法有关的各个主体都必须承担其应负的责任和应履行的职责。

各负其责的原则包括以下几个方面的具体内容：

一是“谁污染谁治理”的原则。即凡是造成环境污染危害的单位和个人，都负有治理环境污染和补偿损害的责任。

二是“谁开发谁保护”的原则。即一切开发利用自然资源的单位和个人，都负有保护自然资源和自然环境的义务。

三是各级政府对环境质量负责的原则。即各级政府对本辖区内的环境质量负有主要责任。

可持续发展的原则。1992 年联合国环境与发展大会召开以后，可持续发展的理论和思想在我国得到社会各界的广泛认同，并很快成为环境与资源保护工作的一个重要原则。

1994 年国务院制定的《中国 21 世纪议程》，是我国第一个可持续发展方面的综合性文件。该文件针对可持续发展的各个领域提出了指导原则、具体措施和优先项目。此后出台的很多法律法规，也在立法指导思想和法律条文中体现了可持续发展的原则。

第5节 保护环境 人人有责

“水流清澈，阳光普照着清洁的城市，海水洗净了海岸，作物在无污染的耕地上成熟……”这是风靡世界的《只有一个地球》作者的期望，也凝聚了人类对未来的美好憧憬和向往。

回首20世纪，既是人类社会创造物质财富最多的世纪，也是人为破坏环境最严重的世纪。现代文明的发展在给人类带来福音的同时，也给人类设置了一个巨大的陷阱。如果人类对此没有足够而清醒的认识，将会毁灭在自己亲手创造的文明中。让我们积极行动起来，从我做起，身体力行，保护环境。这也是每个公民应尽的责任和义务。

一、保护环境——人类的觉醒

在中国发展的道路上，在改革开放和实现中华民族伟大复兴的征途中，我们一直并将长期面临着一个突出问题，即发展与人口增长、资源能源制约、生态环境保护的矛盾。这是我们不断地科学认识和致力于合理解决的一个战略问题。

发轫于20世纪70年代初期的中国环保事业，自1978年步入了发展的全新时代。

1978年，环境保护被首次写入《中华人民共和国宪法》——“国家保护环境和自然资源，防治污染和其他公害”，标志着中国环保事业发展迎来了具有里程碑意义的一刻。

1983年，环境保护被确定为中国的一项基本国策。

从20世纪90年代开始，倡导人类社会与自然环境的和谐相处，中国可持续发展战略基本确定。

1994年，世界上第一个由国家发布的《二十一世纪议程——中国21世纪人口、环境与发展白皮书》问世，这是制订国民经济和社会发展中长期计划的一个指导性文件。该文件立足于中国人口、环境与发展的基本国情，提出了污染治理和生态保护重点，确定了可持续发展的总体战略、对策和行动方案。

2003年10月，党的十六届三中全会明确提出了“坚持以人为本，树立全面、协调、可持续的发展观，促进经济社会和人的全面发展”的科学发展观。

2007年，党的十七大报告明确提出了“建设生态文明”的重要理论，这是统筹人与自然和谐发展战略构想在新时期的丰富和发展。

2012年，党的十八大明确指出，建设生态文明，是关心人民福祉，关系民族未来的长远大计……必须树立尊重自然，顺应自然的生态文明理念，把生态文明建设放在突出地位。

在近30年的时间里，我国的环保事业从无到有，从弱到强，取得了很大的进展，与此同时，我国公众的环境意识也得到了很大程度的提高。我国政府已把环境保护作为一项基本国策落实到各项工作的进程中，我国一些地方的环境质量有所提高。

今后十年，国民经济仍将较快地增长，人口也将持续增长，生态环境面临着巨大的压力。只有提高全民族的环境意识，特别是青少年的环境意识，才能真正为实现我国的可持续发展战略提供坚强有力的人才保障；也只有通过全民的行动，保护环境才有希望。

“中华环保世纪行”主题：

2007年 推动节能减排，促进人与自然和谐
2008年 节约资源，保护环境
2009年 让人民呼吸清新的空气
2010年 推动节能减排，发展绿色经济
2011年 保护环境，促进发展
2012年 科技支撑、依法治理、节约资源、高效利用
2013-2016 大力推进生态文明，努力建设美丽中国

自1993年以来开展的“中华环保世纪行”活动，利用多种新闻媒体，开展环保宣传教育工作，在全社会引起了强烈反响，对提高全民的环境意识和法制观念，促进经济建设与环境保护协调发展，加快可持续发展战略的实施，起到了积极的推动作用。环保世纪行活动在全国掀起了一个保护环境、珍惜资源的新热潮，在中华大地上形成了一个绿色冲击波，奏响了一曲保护环境、治理污染、珍爱自然资源的时代进行曲。

二、保护环境，人人有责

人与自然之间的关系，是一种和谐共存的关系。保护好大自然，这是每一个地球人的神圣职责。

提高环保意识。环境意识和环境质量如何，是衡量一个国家和民族文明程度的重要标志。我们每个人都生活在一定的生态环境中，生态平衡对人类生产生活有着重要的意义。目前我国环境形势严峻，防治环境污染与破坏形势紧迫，我们要牢固树立起环保意识。

案例聚焦

湖滨学校环保兴趣小组的同学，利用星期天的时间，对住所周围 120 户居民使用电冰箱的情况进行了调查，结果如下：

仍在使用以氟利昂作制冷剂的冰箱占 40%，无氟冰箱占 60%；节能冰箱占 20%，普通冰箱占 80%；节能冰箱比普通冰箱贵，无氟冰箱比含氟冰箱贵。

待购冰箱意向调查：在含氟与无氟冰箱之间，居民首先会选购无氟冰箱，几乎每个居民都知道：氟利昂会损坏大气的臭氧层，使环境遭到破坏。而在节能与否的选择上，居民还是比较看重冰箱的初次购买成本，忽视冰箱寿命期的使用成本即节能效益。

这些同学就冰箱能耗算了一笔账：我国生产的普通冰箱可省电 25%～30%，节能冰箱为 45%～65%，最大差达 40%。推广使用节能冰箱能促进冰箱在今后 15 年内平均每年节能 20%，少消耗 1200 亿度电，相当于节约 7170 万吨原煤，同时二氧化硫的排放量也大幅削减，保护了环境，消费者在经济上也因此将获得十分可观的利益。

活动天地

据调查：制造节能冰箱需要更高的技术水平和先进的生产设施，生产商需要技术支持和资金投入，这对消费者来说，购买节能冰箱就意味着增加初期支出。销售商担心价格升高会造成节能冰箱的积存，对销售节能冰箱积极性不是很高。据此你对生产商和消费者有什么建议？国家在产业政策上给生产企业在环保导向上，应采取怎样的措施？

社会科学正在反思，专家告诫人们：只有一个地球！卡逊在《寂静的春天》中写道：“如果我们不是这样的多疑和专横，如果我们能调整好与这颗行星的关系，并深怀感激之心对待它，我们可有更好的机会存活下去。”同时自然科学的飞跃和突破，令人类对资源的有限性、

稀缺性有了更直观的感受和认识。这一切都在唤醒人们的环保意识。

增强法制观念。我国在秦朝时就有保护环境的法律，《田律》就规定“春二月，毋敢伐材木山林及雍隄水”。我国现行宪法规定“国家保护和改善生活环境和生态环境，防治污染和其他公害”。这就以国家义务的形式，确认了公民的环境权。

公民的环境权包括以下主要内容：

1. 公民有在良好、适宜、健康环境中生活的权利。这是保障公民身体健康的首要条件，也是公民环境权内容的基本组成部分。具体包括：宁静权、日照权、通风权、眺望权、清洁水权、清洁空气权、优美环境享受权。

2. 公民有参与国家环境管理的权利。

3. 公民有对污染破坏行为进行监督、检举和控告的权利。

我国制定了很多关于环保的法律法规，以制裁破坏环境的不良行为。我们都是环境破坏的直接受害者，要学会用法律武器保护自己。在日常生活中，发现破坏和污染环境的行为，要及时向执法部门举报，并把情况告诉新闻单位，让社会舆论对这些破坏、污染环境的行为进行谴责；敢于同违反环境保护法律的行为做斗争，懂得运用法律维护自己的环境权益，保护好自己的家园，以主人翁的态度保护好环境。

参与环保行动。环境保护是全人类的事业，保护环境需要公众的参与。《中华人民共和国环境保护法》规定：“一切单位和个人都有保护环境的义务，并有权对污染和破坏环境的单位和个人进行检举和控告。”保护环境是国家和法律赋予每一个公民的义务和权利。

因此，环境质量的提高，环境与资源的可持续利用，不只是政府部门的事。公众参与，尤其需要每个公民落实环保行为，采用可持续发展的消费模式（绿色消费模式），这对保护环境具有非常重要的作用。

居住在东方居民区的环保热心者小李，读到报纸上介绍电池污染环境的文章后，对社区使用电池的情况进行了一次调查，结果令人大吃一惊。

1. 使用电池的电器，平均每年用量：以平均 8 节计，小区一百余户居民使用电池近千节，全省的废旧电池过亿只。我国有十几亿人口，如果其中 1 亿人每人每年用 10 节电池就是 10 亿节。

2. 使用后的电池，一般如何处理：送废旧电池回收箱的只有 1%，90% 以上的都丢弃了。

可见：废旧电池的回收任重道远。

3. 废旧电池是否有危害：80% 以上的人对废旧电池危害性认识不足，还需要进行宣传。

4. 是否使用充电电池：使用充电电池的人占 32%，不使用充电电池的人占 68%。随着环保呼声渐高，人们对非充电电池的使用也逐渐减少了。

5. 购买电池的首选因素：80% 以上的人注重品牌，因此品牌电池厂家要考虑环境因素、注重环保。

6. 居住场所附近是否有废旧电池回收箱：80% 以上的住所没有废旧电池回收箱。全国电池年消耗量为 30 亿节，如不回收这些电池将丢失铜 740 吨、锌 1.6 万吨、锰粉 9.7 万吨。

综观以上调查，可以得出如下结论：回收废旧电池举措不当，应采取强制性措施。虽然有《固体废弃物防治法》，但没有对废旧电池回收制定详尽的细则，回收与不回收一个样。目前废旧电池的回收网络基本上是自发“编织”而成的，作为不大。真正参与到回收这一环节中的电池生产企业寥寥，与“谁污染谁治理”的规定相距甚远。

为了防止电池对环境的污染，在小李和社区其他环保热心者的推动下，东方居委会、小区物业管理中心和小区超市一道，在每一幢住宅楼旁都挂有一个“回收废电池”的小箱子。这些箱子很不打眼，但却时刻提醒着社区里的人，注意保护环境。自从挂上这些“小箱子”，每个居民的环保意识就从收集废旧电池开始培养起来，这一举措果然在居民中获得了良好的反响。

每个公民作为消费者，都有选择商品的权利，其实这是每个公民间接配置经济资源的一种能力。如果消费者转向了绿色消费，在市场竞争条件下，生产者就必须根据消费者的意愿，调整劳动力和生产资料的使用，调整投资的方向和数量，并且研究如何节约资源，降低生产成本，以最大限度地降低环境损害。

保护环境是每个公民应尽的义务。保护环境就是保护我们明天的幸福和健康。人类只有一个地球，爱护环境，保护家园，人人有责。让我们每个人，从现在做起，从自己做起，为保护环境做出自己的贡献。